山东县域文化丛书

王学典　　总主编

阅读 魚臺

Reading
Yutai County

陈　峰　主编

王元禄　段锦珂　唐文星　编著

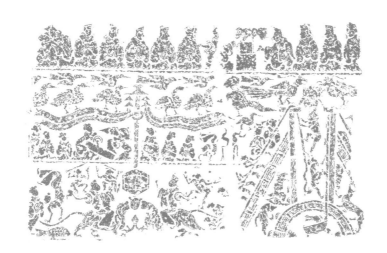

山东人民出版社 · 济南

国家一级出版社　全国百佳图书出版单位

图书在版编目（CIP）数据

阅读鱼台 / 陈峰主编 . — 济南 : 山东人民出版社, 2023.11
（山东县域文化丛书 / 王学典总主编）
ISBN 978-7-209-14840-5

Ⅰ.①阅… Ⅱ.①陈… Ⅲ.①文化史－鱼台县 Ⅳ.①K295.24

中国国家版本馆CIP数据核字（2023）第190086号

阅读鱼台
YUEDU YUTAI

陈峰　主编

主管单位　山东出版传媒股份有限公司
出版发行　山东人民出版社
出 版 人　胡长青
社　　址　济南市市中区舜耕路517号
邮　　编　250003
电　　话　总编室（0531）82098914
　　　　　市场部（0531）82098027
网　　址　http://www.sd-book.com.cn
印　　装　山东临沂新华印刷物流集团有限责任公司
经　　销　新华书店

规　　格　16开（169mm×239mm）
印　　张　17.75
字　　数　195千字
版　　次　2023年11月第1版
印　　次　2023年11月第1次
ISBN　978-7-209-14840-5
定　　价　88.00元
　　　　　如有印装质量问题，请与出版社总编室联系调换。

总　序

　　"议论近乎湘乡、南皮之间"，现代史家陈寅恪在自述平生所学时如是说。湘乡、南皮分别是清代湖南、河北的两个县。因曾国藩籍贯湘乡，张之洞籍贯南皮，世人多称其为曾湘乡、张南皮。陈寅恪此处是用县名来指代两位晚清名臣，说自己的观点与他们相近。这种现象并非近代所独有。秦汉以来，县始终是中国地方行政建制中最稳固、最重要的一环，用县邑来称呼名人或表示籍贯已经成为中国特有的一种文化现象。"项籍者，下相人也"，早在两千年前，司马迁便在《史记》中用县邑来记载人物籍贯；《水浒传》中英雄好汉如宋江、武松等都自称"郓城县人""清河县人"；陶彭泽（陶渊明）、韩昌黎（韩愈）、王临川（王安石）、康南海（康有为）等更是在文学史、哲学史中成为大放异彩的文化符号。直到今天，人们称述自己籍贯仍多是省县相连，如山东诸城、江苏昆山等，可见古往今来人们对县域的重视。因此，要增进对中国历史文化的理解，必须大力发掘"县域文化"，从地方和民间汲取文化资源。

　　山东素称"孔孟之乡"，人文积淀丰厚。黄河在这里奔腾入海，泰山在这里巍然耸立。在百家争鸣的春秋战国时，这里诞生了孔子、孟子、墨子、孙子等思想巨匠；在英勇不屈的抗日战争中，这里孕育了"水乳交融、生死与共"的沂蒙精神。2013年，习近平总书记视察山东曲阜，号召大力弘扬中华优秀传统文化，推动中华优秀传统文化创造性转化、创新性发展。山东是中华优秀传统文化的重要源头，也是红色革命精神的摇篮，有着滕州、单县、鱼台、诸城、莒县等众多历史悠久的千年古县。值此总书记到访曲阜十周年之际，我们启动编纂《山东县域文化丛书》，以县域为单位，重新审视解读地方和民间文化，既是对总书记"两创"号召的积极响应，也是传统文化研究创新的一种探索。

《山东县域文化丛书》从县域文化出发，但又跳出地域的限制，将出自各县的地方文化放到中国历史文化发展的一些重大关节或整体背景中重新加以解读，放在中国历史文化全局上的地位进行重新定位，对一些最具标志性和符号意义的历史文化现象重新阐发建构，从而刷新此地的历史文化面貌，并为深化地方文化研究提供范例，形成独具特色且充满人文关怀的"地方性知识"。以上即本套丛书的编纂初衷，这样不仅可以缓解地方文化同质性危机，促进文化多样性发展，更能反哺现代文化，弥合普遍性知识与地方特殊性之间的张力。

本套丛书初步计划编写十种，每种读本即一个县域的精神文化大纲。把一个县域所有的文化亮点加以整合，凝练出一个具有标识性的概念，这个概念既具地方文化特色，又能为大众普遍接受和传播，即本套丛书所欲达致的目标。儒墨两家共同塑造的滕州"善国文化"，儒风浸润知行合一的鱼台"孝贤文化"，儒家思想和商贸精神孕育的单县"守经达权精神"，便是其中的典型。以此概念为统领，每种读本共分为四个部分：一是从历史上回顾县域文化的延续性，二是重点阐发其标志性文化亮点及其现代价值，三是介绍县域文化滋养下的民俗风情，四是记述传扬县域文化的史册名人。这四部分内容虽各有侧重，但独特的县域文化风貌是统摄全书的中心和主线。读者只要一册在手，便能对这个县的历史、文化、传统、当下的状况、未来的走向，一览无余，成竹在胸。不得不强调的一点是，尽管各县文化可圈可点之处不胜缕述，但本套丛书绝不打算写成地方文化的赞歌和宣传册，真实性和客观性乃是本套丛书的生命和基石。我们相信，通过把一县的历史文化和风俗人情原汁原味地铺展开来，让读者在阅读中体味，感受不同文化的魅力，读者自然能与这个地方相知相识，成为这个地方的粉丝，而无须过多的溢美之词。

"观乎人文以化成天下"，以文化来滋养熏陶民众，不断坚定文化自信，增强人们对中华文化的认同感和自豪感，是当今所有哲学社会科学从业者的共同心愿。《山东县域文化丛书》也将以此为鹄的，献给各位爱好历史与文化、关心地方发展的读者。

是为序。

序言
鱼台：中华孝贤文化的千年回响

"孝哉闵子骞！人不间于其父母昆弟之言。"（《论语·先进》）

两千多年前孔子的称赞，让闵子骞的至孝世代传颂，也让微山湖畔的千年古县鱼台以孝闻名于神州大地。从"芦衣顺母"到"五里三贤"，再到"焦花女哭麦"，鱼台的孝贤故事脍炙人口，"孝贤故里"也成为鱼台的别名。孝贤文化诠释了鱼台厚重的人文积淀和文化底蕴，是中华优秀传统文化在鱼台的集中体现，更是千百年来鱼台人民生活实践的宝贵结晶。

孝贤文化的起源最早可追溯至虞舜时期。"舜其大孝也与！德为圣人，尊为天子，富有四海之内，宗庙飨之，子孙保之。"（《中庸》）舜因孝心被世人称为贤能之人，所以尧将王位禅让于舜，留下了一段佳话。《史记》中记载，舜所在的地方"一年而所居成聚，二年成邑，三年成都"。意思是，大家纷纷慕贤而来，舜所居之地，三年就成为都邑。当然，这些都有传说的因素，真正把孝贤文化发扬光大的当属孔子。孔子对孝作了全面论述："弟子，入则孝，出则悌，谨而信，泛爱众，而亲仁。"（《论语·学而》）从孝敬父母开始，到友爱兄弟，再到诚信恭谨，厚德博爱，由此便可以接近仁了。孔子所说的"仁"便是贤人的最高境界——"圣人"才能达到的状态，而这一切的初始便是孝。孔子系统地把孝与贤相结合，使孝贤文化深深熔铸在中华民族的血脉之中。

"百善孝为先"，孝是一切道德精神的根本，一切道德教育的源泉。由孝而衍生出来的悌、忠、信、礼、义、廉、耻、敬、诚、让等美德已经成为中华传统美德中的重要部分。汉朝时，国家将"举孝廉"制度作为选拔人才的重要途径；自汉惠帝始，皇帝的谥号都以"孝"字开头。唐朝时，国家把《孝经》作为十三经之一，供天下士子传习研读。明清时期，各地更是以修史志、建牌坊、制定乡约等多种方式鼓励孝行，涌现出一大批地方孝贤人物。近现代以来，融入中华民族血脉的孝贤文化生生不息，在各种挑战中不断传承创新，与现代社会相适应相协调，鱼台在这方面更是走在前列。

"夫孝，天之经也，地之义也，民之行也。"（《孝经》）两千多年来，鱼台始终坚持和弘扬孝贤文化。早在春秋时期，孔子弟子闵子骞便在鱼台居住，将孝贤文化的种子播撒到鱼台。闵子骞早年丧母，后母虐待他，寒冬以芦花充当棉絮，闵父发现后即欲休妻。闵子骞却劝阻父亲，说："母在一子寒，母去三子单。"这一举动感化了后母和家人，这就是著名的芦衣顺母的故事。闵子骞不仅孝顺父母，而且淡泊名利，隆礼重义。闵子骞的孝行给鱼台烙上了深刻的文化印记。鱼台地处水运交通要道，水灾战乱频繁，但灾祸并没有压倒鱼台人民，恰恰是对鱼台的一次次考验，磨炼了鱼台人的意志和品格。早在春秋时期，齐国进攻鲁国，鱼台人公叔禺人和邻童汪踦主动参加作战，最终死于国难，连孔子也为之动容，称赞他们"执干戈以卫社稷"的行为。在明末大乱中，有谷亭女子因父为贼所杀，誓不从贼，而被残忍杀害；有秀才马体震率领地方年轻人英勇抗贼，保卫家园；有乡贤王庭楠仗义疏财，赈济灾民，分文不取，使大量受灾百姓得以生存。可以说，鱼台的孝贤文化是在一代代贤人的身体力行和人民的思慕践行中不断发扬的。

历史的车轮滚滚向前，鱼台经历了无数的沧桑巨变，孝贤文化却一直延续下来。今天，鱼台正不断以多种方式传承弘扬孝贤文化。鱼台县委、县政府大力推进文化"两创"，从"孝道"到"孝行"，深入践行孝贤文化，成立由县委书记、县长任双组长的文化传承发展领导小组，采取签订《赡养老人三方协议》、推广孝心养老金制度、幸福院＋邻里中心全覆盖等举措，推行医养结合改革，建立"两院一体"颐养院，全力构建以"孝老爱亲"为核心的新时代美德健康生活方式。鱼台孝贤文化节的举办，极大地提升了鱼台"孝贤故里"文化品牌的知名度；首届闵子骞公祭仪式的举行，强化了闵子骞的孝贤精神对鱼台人民的蕴养；"七十二孝贤人物""感动鱼台·十大孝贤人物"等活动的举办，更使鱼台人民思慕孝行，推崇贤人。孝贤文化已逐渐与当代鱼台人的日常生活紧密融合在一起。对鱼台人民来说，孝贤文化既是一种精神追求，又是一种生活方式。

习近平总书记深刻指出："中华文化源远流长，积淀着中华民族最深层的精神追求，代表着中华民族独特的精神标识，为中华民族生生不息、发展壮大提供了丰厚滋养。"鱼台孝贤文化作为中华优秀传统文化的重要组成部分，不仅可以敦厚风俗，提升人们的道德水平，而且是赓续中华文化血脉、塑造中国特色现代伦理的重要资源。我们相信，孝贤文化在持续滋养着鱼台人民的同时，必将为推进中华民族现代文明建设作出更大贡献。

目录 | CONTENTS

 从历史中走来：千古兴革话鱼台

鱼台孝贤文化：中华优秀传统文化的民间结晶

魅力鱼台：丰富多样的文化生活

 青史流芳：鱼台名人传

从历史中走来：千古兴革话鱼台

长河奔流，湖沼盈溢。千古以来，鱼台地域与水结下了不解之缘，其历史进程也深受此特征影响。济水、泗水流域的水网湖沼孕育了上古鱼台文明，龙山文化以来的堌堆遗址保留了人类文化遗迹，先民在这片土地生活，殷商文化聚落也借由河流拓展开来。自先秦以至汉唐，泗水始终是贯通南北的水陆交通要道，后世的漕运也以之为凭借，鱼台地区长期居于水运咽喉的位置。

　　从西周的封国到春秋初的扩展，再到战国时代的争霸，鱼台在频繁的变动中走向了帝制时代。在兵戈扰攘中，鱼台见证了汉王朝的崛起和落幕，也在南北的征伐与纷扰中走向了大一统时代。俱往矣，无论是唐王朝的兴灭转折、宋金元间的角逐争雄，还是明清国家主导的儒学下移以及民间文化样态的生成，帝制国家归于终结。经历民国时期的风云动荡，鱼台社会最终趋于稳定，历经探索与曲折、改革与繁荣，朝着未来继续前行。

上古、三代时期的鱼台

　　难以想象，如今一马平川的鲁西南冲积平原，数千年前却是湖沼密布、河流交错的样貌。正是在这片曾水网密布的区域内的一个个堌堆上，新石器时代晚期的文明得以成长和发展。商代中后期，青铜文明在鲁西南、鲁南地区得到长足发展，一些重要的方国已见踪影，其中济水、泗水的联通与传播作用不容忽视。周初分封，大小诸侯城邑散布鲁西南及鲁南，该区域的文明得以更繁盛地成长起来。

鱼台的自然地理面貌及其变迁

　　鱼台县位于山东省西南部，东临南阳湖、昭阳湖，南与江苏省徐州市沛县、丰县毗邻，西与济宁市金乡县接壤，北以新万福河为界与济宁市任城区隔河相望。数千年间泗水纵贯而过，明清以来湖区孕育生成，鱼台自古以来就与水结下了不解之缘。

　　如今的鱼台拥有一马平川的冲积平原，但其史前时期的地理形态与今迥然不同。今山东、河南和安徽交界地带，大致包括鲁西南、豫东、皖北等地区，在山东丘陵、豫西山地东缘、淮河和黄河环绕之下，构成特征明显的相对独立性的地理单元，进而形成一个独立文化小区，

3

即"鲁豫皖古文化区"。其基本地形特点是，在黄河变迁和地质运动的共同作用下，形成一个湖泊、沼泽和河流密布的地貌形态，即所谓"第二湖沼带"。这种湖沼性区域地理特征对于史前社会发展产生了重大影响，以至于在史前文化的多个阶段，都形成了自己鲜明的特征。

黄河先是自今淮北平原向南流入海，而后折而北流，所以鲁豫皖区的成陆过程和地层发育先南后北。中全新世晚期，黄河冲积扇前缘已越过鲁西南地区，地形地貌也已基本稳定下来，为新石器文化在此生息提供了可能。据考证，鲁西南地区地表土层是近千年来由黄河冲积而成的；5米至10米以下的土层，则是千万年间由黄河冲积扇和汶泗冲积扇泥沙冲填，逐渐形成的岗丘、平原、湖盆、河流相间的岗丘平原地貌。由于人们长期生活于土丘之上，且不断在原地建房、倾倒生活垃圾（草木灰），使得土丘不断抬高且在整体上呈现黑灰色的面貌，《禹贡》记载兖州地区的土壤为"黑坟"，正是指此。唐宋以来，黄河泛滥改道导致山东地貌发生沧海桑田般的变化。由黄河冲积形成扇形展开的三角状平原，扇顶在兰考、铜瓦厢一带，海拔73米，扇形边缘到鲁西湖带，海拔25米，鲁西南鱼台地区即在此范围之内。

古黄河北徙后，对鲁西南一带影响最大的两条河流分别是济水、泗水，而济水的支流菏水与泗水正交汇于古代鱼台地区。济水为黄河支流，是古"四渎"之一，从河南济阳（今内蒙古自治区固阳县）南，流入菏泽境内戎州（白茅集）北，东经冤句城南，至陶丘南，东北流入菏泽湖，经乘氏县（今山东巨野县西南）入大野泽，再出大野泽东北，经济南入海；其分支出菏泽东流，过梁丘、昌邑、金乡、鱼台入古泗水，被称为"菏水"。菏水古道传为春秋末吴王夫差所开，但菏水附近属低洼之地，在此之前应即有联通济、泗水之自然水道。泗水属淮河水系，源于山东新泰太平顶西侧，西南流经鲁城（今山东曲阜市），至鱼台谷亭西合菏水而南，又汇合汴、沂、沭、睢诸水南入淮水，全长750余公里，堪称古代之大川。济水所穿鲁西南平原大片宽阔湖洼地带，是承载太行山系诸多河流来水的汇水盆地，这里呈串珠状分布着众多湖泊水泽，此外还有难以记述的大小淖、潭、渚、沟，遍布鲁西南平原全境。

在沟河湖泽水网之中，高耸的岗丘，大小不等的平原，茂密的原始森林造就了鲁西南一带得天独厚的自然环境和地理条件。水中鱼、蚌、虾、螺、龟、鳖供先民抓捕食用；树上果、仁、籽、核、种、叶供先民采摘；林中兔、狐、羊、牛、鹿、狼、猪、禽，供先民猎杀、驯化，而大小块平原则利于刀耕火种⋯⋯这些最宜古人生息的良好自然地理环境，成为孕育中华先民的摇篮。

水网交织，植被繁茂

总之，先秦以至汉唐，鲁西南地区还是水网交织、植被繁茂之地。菏水联通济水、泗水，加之菏泽、大野泽调节水量，河水、济水为东西交通干线，由菏入泗，南达江淮，成为南北间一大交通干线。水网、湖沼不仅为生活在这里的人们提供补充生活的物产，也是天然的水利调节器，对于人们抗击水涝灾害具有重要意义。历经千载以后，黄河重又光顾这片它曾早已远徙的土地。北宋末年，杜充掘开黄河以水阻兵，河水夺泗入淮。其后，黄河开始了它持续数百年的夺淮入海史，黄淮平原一带深受其害。此外，明清时代的漕运政策以维系运河水源及避免黄河对运河的冲击为核心，使得鱼台东部逐渐形成广大的湖泊水域，在带来繁荣漕运的同时也为这片土地造成反复不定的旱涝灾害。奔腾泛滥的河水带来大量的泥沙，将原有的河道、池沼淤塞抹平，原有的土层被覆盖，原有的城市、聚落被掩埋，那些埋藏在地表之下的堌堆早期土层和各类生活遗迹静静地诉说着昔日的样貌。人们也不得不在新堆积起的黄土之上，一面与时常泛滥的水患相搏斗，一面重新开垦土地，从而谱写新的历史篇章。

堌堆遗址与文明演进

在鲁西南，我们常常可以发现以"堌堆"为名的地点或村落。人类进入新石器时代晚期，出现了大大小小的"堌堆"聚落形态，堌堆多位于水网密集地带。在苏鲁豫皖、江淮等地区，我们可以发现利用自然地形或平地起建的台地遗址，只是各地"堌堆""墩""丘""岗""台""冢""埠"等名称不同。湖沼、河流密布的地貌形态为新石器时

鱼台县李阁镇境内的栖霞堌堆遗址

代晚期堌堆聚落的繁荣发展提供了适宜的自然地理环境。

堌堆遗址群散布于鲁西四市，数量总计390处，分布时间起于北辛，晚至汉代，尤以龙山文化时期最为繁盛，占总数的47%。济宁市辖区内有堌堆遗址68处，约占鲁西堌堆总数的17.4%；堌堆遗址分布在济宁各个区县，鱼台即其区域之一。尽管历经千年剥蚀、毁弃，这些尚存遗址中仍保存着用以解读早期文明发展的重要信息。

黄河中游地区典型的新石器文化为仰韶文化，时间约在公元前5000年至公元前3000年；而黄河下游地区代表性新石器时代文化为大汶口文化，分早中晚三个时期，约当公元前4500年至公元前2500年，稍晚于仰韶文化。大汶口文化后过渡为龙山文化，河南地区龙山文化的年代相当于公元前2800年至公元前2300年，地域分布较大汶口文化更广。迄今为止发现的典型龙山文化很多在大汶口文化堆积之上，并有逐渐由山麓地带向河流和平原中部发展的趋势。其后是黄河下游地区的岳石文化，绝对年代约为公元前1800年至公元前1450年。

黄淮海平原的新石器时代早中期遗址多分布在山麓洪积扇地带。进入新石器时代晚期，人们从山麓向平原中部比较高敞的台地迁徙，以寻觅更多更好的农耕地。大汶口文化时期，人们开始有意采用堌堆这种居住方式，表现出对于多水地带自然环境的更强适应性。与新石器时代早中期相比，大汶口文化中晚期，鲁豫皖区基本地理环境已经有了很大改善，承载新石器文化的原生地层发育成熟，湖泊大大退缩。较低水位的沼泽环境更加有利于物种的多样性和繁殖，获取水生资源以及农业生产的需要，使滨湖、滨河地区成为人们理想的栖息地。到大汶口文化晚期，史前聚落已扩散到鲁豫皖区所有地域。

龙山文化时期，社会发展进程进一步加快，鲁豫皖区聚落遗址数量猛增，豫东、鲁西南地区的遗址数量及密度达到相当的繁盛程度。从第二湖沼带的分布来看，到龙山文化时期，鲁西南和豫东地区还存在相当数量的湖沼，不过水域的大规模减少使其在人类生活中的角色迥然不同以往，已经从人们生活的障碍变成了获取资源的依靠，也由此带来了该区域龙山文化遗址的繁盛。在鲁西南的多处遗址中，考古发现大量骨、角器，尤其是蚌器的数量较多，比较常见的器形有单孔蚌铲、长方形双孔蚌刀、蚌镰、骨镞、骨鱼镖和利用鹿角制成的角锄等。此外，还有大量的大型网坠，以及大量蚌壳等水生动物遗骸，说明鲁西南当时仍属一种水生资源丰富的湖沼性环境。部分堌堆遗址的发掘资料表明，在堌堆的多个时期连续堆积过程中，龙山文化时期的厚度最大，往往达数米之多，占整个堌堆厚度的一半以上。

鱼台县境内出土的石斧、骨镞、石镰

就鱼台而言，栖霞堌堆遗址（李阁镇满庄村）正处在古菏水之畔，得其灌溉水源及渔捞之利。栖霞堌堆遗址高出地面14米，面积9900平方米，顶侧8米以下为龙山文化遗址。出土文物有石锛、穿孔石斧、半月形一面刃石刀、长条形一面刃石镰、穿孔蚌刀、蚌镰、骨锥、骨匕、夹砂红陶鬲、高柄杯、弧形杯、灰陶瓶、白陶鬶、鸟面鼎和仅有0.6毫米至0.8毫米厚的黑色蛋壳陶残片等。由此可推见龙山文化时期栖霞堌堆聚落的早期农业生产，以及包括石、骨、蚌等材质的工具制作和多种形制的陶器烧制在内的手工业生产状况。其中的蚌器及兽骨、鹿角等，也恰好与龙山文化时期鲁西南河网、湖沼性自然地理特征相印证。据此有人认为，鱼台是黄淮文明的发祥地之一。

至青铜时代早期，岳石文化遗址数量出现明显下滑。岳石文化时期，气候转冷导致食物短缺，鲁西南地区湖沼密布所带来的渔捞之利在弥补食物短缺以及促进农业生产方面起到了关键性的作用，从而使得该区域的文化遗址较他处相对兴盛。伴随着商文化自早商以来的东渐，鲁西地区成为商人向东扩张的前沿阵地，含商文化遗存的遗址众

栖霞堌堆

多。鱼台当济水（菏水）、泗水之交，从而为商文化传播提供了交通便利，重乡故城遗址（罗屯镇香城海村）、栖霞堌堆遗址、武棠亭遗址（张黄镇武台村）、谷亭镇堌堆遗址皆为古菏水流经之地，也均包含商代文化遗迹，另如前李堌堆（罗屯镇前李庄）、左堌堆（唐马镇左堌堆村）亦包含商代文化。上述鱼台县堌堆遗址至周代仍在延续使用，亦可见商周以来的鲁西南沿河聚落的发展状况。

概言之，随着自然地理环境变迁以及人们开发利用自然能力的增强，东周战国以来，堌堆的使用功能已出现转型，逐渐出现墓葬遗迹。而后之两汉时期，大量堌堆遗址成为祖先墓葬区；到南北朝及以后，又演变为供奉神佛的庙宇。就鱼台而言，栖霞堌堆遗址的栖霞寺、武棠亭遗址的超化寺，皆属此类。

从殷商方国至西周分封

殷商建国前后，都邑屡次迁徙。自殷契至成汤建国，都邑凡八迁；自成汤至盘庚，都邑凡五迁。先商与商代的都邑迁徙，异说纷纭，今据王震中《商代都邑》《商族起源与先商社会变迁》两书而为之折中编次。商代中期以来，商文化在鲁西南、鲁南一带得到长足发展；西周实行分封制，建大小邦国于此。

商契时期，商族居于漳水流域，为北方有娀氏与中原东部高辛氏融合而成。大致来看，先商都邑八迁，其范围不出冀南及豫北地区，恰与被称为先商文化的"下七垣文化"（又称"漳河型先商文化"或"漳河型下七垣文化"）分布范围之中心地带相一致。及成汤建国，所居亳都，异说颇多，以偃师商城与郑州商城说近是。就时代而论，两都邑或可并存。成汤后的都城迁徙，皆集中于中商一段。仲丁迁隞（áo，又作"嚣"），河亶甲迁相，祖乙迁邢，南庚迁奄，盘庚迁殷，自盘庚至帝辛，更不迁都。究其原因，以为因王位继承而引起权力斗争以致王位更迭者近是，另有游农说、军事征伐所需说。隞在河南荥阳敖山南之隞地，相或在河南安阳与内黄之间，邢在河北邢台；奄通廊，地在河南新乡市西南；盘庚迁殷，初在洹北商城，系盘庚、小辛、小乙时之殷都，自武丁至帝辛，则在安阳小屯。一般来说，殷商所迁都邑，大抵皆靠近古黄河之地。上古史学家丁山在《由三代都邑论其民族文化》中曾提出，祖乙先迁邢，后又迁庇，邢在河南武陟县东南的殷城，庇在山东鱼台县西南的费亭。历祖乙、祖辛、沃甲、祖丁四帝，至南庚将王都迁到了奄（今山东曲阜市）。

山东地区的商文化，早商时期仅分布在黄河以南，泰沂山脉以西地区，中商时期才得以长足发展，晚商时期更由津浦线扩展到潍河—沂河一线，中原与东夷地区的交通也不断巩固发展。中商、晚商时期的商文化主要分布在三个区域：1.泰沂山脉以北地区。2.鲁西南一带。3.鲁南地区。鲁西南之商文化，中商时期为潘庙类型，代表遗址有济宁潘庙、凤凰台，菏泽安丘堌堆，曹县莘冢集，泗水天齐庙、尹家城，邹城西朝阳村等；晚商时期有安丘类型，分布区主要在苏鲁豫皖交界地区的鲁西南和豫东一侧。鲁南之商文化，晚商时期为前掌大类型，分布范围以曲阜、滕州一带为中心，西界在今大运河、昭阳湖、微山湖一线，东界或可及临沂地区西部，包括江苏北部部分地区。滕州前掌大墓地，有晚商大中型墓地及墓葬，规模宏大，出土众多礼器，遗址西邻薛国故城遗址，出土有"史"氏族徽，而薛国即史氏，可作为薛国遗址的佐证。与鱼台相近的其他商代方国还有告、崔和任（仍）。告国，一作郜国，周初所封郜国或许因仍商代旧地，在今成武县东南；崔方，可能是春秋鲁国之越（cuǐ）地，在泗水与邹城之间；文献所载风姓任（仍）国，在今济宁南。

大体而言，鲁西南鱼台一带，早为东夷文化区域，商中期以后，为商文化之范围。及殷周鼎革，周以小邦而克大邑，为其统治秩序计，乃封建亲戚，以藩屏周。在鲁南及西南一带，鲁国是最大的国家。鲁国以南，有邾（曹姓，初封邾，在曲阜东南；后迁邹，在邹城东南），任（风姓，在济宁南），滕（姬姓，在滕州西南），薛（任姓，在滕州南）；西南有曹（姬姓，都陶丘，在定陶西南），茅（姬姓，或谓在金乡西北，或谓在微山西），郜（姬姓，在成武西南），极（或许是金文中之"遽"，在鱼台西），皆小国；再西南有宋，宋是大国（商后，都商丘）。要之，西周初封之时，诸侯国之统辖范围有限，势力较小。其后，部分诸侯国国力发展，疆域拓展。至春秋时，王权旁落，诸侯遂擅征伐。

春秋战国时期的鱼台

　　周平王东迁洛邑，中国历史进入春秋时代。是时王权衰落，诸侯国间会盟、征伐成为时代主题。诸侯国强凌弱、大吞小，征伐无定，其势力也因时消长，由城邑之国拓展为疆域之国。春秋初，古代鱼台一带也被鲁国纳入其疆域之内，因其地势所接，鲁国于此地频频有筑城、会盟、狩猎、战争等活动发生。迄于战国，国家间的兼并、争霸更甚以往，古代鱼台在鲁、宋、魏、楚间频繁更易，其所折射的正是此时战争之剧烈与形势之波谲。

春秋战国时期鱼台的沿革变迁

　　殷周鼎革，封建亲戚，以藩屏周。就春秋前的势力分布而论，古代鱼台地区有极国及鲁国费邑，西则与宋、戎相邻。极国，或以为鲁之附庸小国，或以为戎族之国，在今山东鱼台县西。有遽氏，其人有遽父己、遽白还、遽中、遽叔买等，吴其昌《金文氏族谱》以为即极氏。鲁隐公元年（公元前722年）、二年，修郎城、灭极国的鲁大夫费庈父即费邑封君，后世有费亭城，在鱼台县西南。宋国封地本在商丘，但其春秋初已据有郜、防两邑（皆在今山东成武县），势力伸展

战国直颈细绳纹环底灰陶罐　　　　　战国五角绳纹灰陶排水管（国家三级文物）

到鱼台西部。至于戎人之所在，春秋时华、戎杂处，今山东曹县西北有戎城。

又有邾国茅邑，在今山东微山县两城镇一带，旧属鱼台。有人以为茅邑封君茅成子（茅鸿夷）为茅国之后，因而断定周初分封茅国亦在今微山县两城镇一带。茅国始封君为周公之子，杜预《春秋左传集解》注茅国方位，谓之在高平国昌邑县西之茅乡，即今山东金乡县西北。杜预注茅邑，则谓之在高平西南之茅乡亭，大抵在今微山县两城镇一带。

鲁隐公时，鲁国修筑郎城，灭极国，在鱼台一带的势力进一步伸展。隐、桓两公皆在即位次年与戎盟于唐地（今山东鱼台县）。鲁隐公九年（公元前714年）夏，鲁再筑郎城；鲁隐公十年，鲁又联合齐、郑伐宋，于菅地（山东成武县、单县之间）击败宋师，又得其郜、防两邑，势力进一步西扩。春秋前期，古代鱼台当鲁国西南之要冲，鲁与其他诸侯征伐、会盟所在之唐、郎、宁母，鲁君渔猎及筑苑囿、台观之棠、郎，鲁大夫所经之重馆，皆在此一带。

战国时期，古代鱼台一带被宋国攻取，或与宋王偃（公元前331年—公元前286年在位）扩张有关。宋国的狂妄扩张政策不久即遭反噬，齐湣王趁其孤立，屡兴伐宋之师，至公元前286年灭宋，鱼台一带亦归属齐国。齐攻得宋地，兼有宋所取楚之淮北地，极一时之盛，引起他国不满。随后，公元前285年，秦、赵、燕、魏、韩五国联合伐齐，齐国几近亡国，旧所攻取宋地为秦、魏、楚三国瓜分，魏国占据旧宋国土地之大部，设大宋、方与两郡，鱼台一带在方与郡辖下。两郡之设立或出于魏在战国后期防御齐、楚等国需要。大宋郡当以宋国旧都睢阳（今河南商丘市南）为中心，有今河南省商丘市及安徽省砀山县等地；方与郡当以方与（今山东鱼台县东南）为中心，有今山东省嘉祥县以南金乡县等地，还包括今江苏省丰县一带。

战国末期，楚、魏相争，迟至公元前277年，鱼台地区曾转属楚，至秦灭楚而入秦。《战国策·秦策四》载，楚人黄歇游说秦昭王（综合《史记》《战国策》，黄歇上书秦王在秦攻取鄢、郢、巫、黔中之后，应在公元前277年），"且王攻楚之日，四国必应悉起应王。秦、楚之构而不离，魏氏将出兵而攻留、方与、铚、胡陵、砀、萧、相，故宋必尽"。楚考烈王时，乘秦、赵相持于长平之际，于公元前261年攻取鲁之徐州（旧齐邑，五国伐齐时为鲁所取）；至公元前256年，楚国灭鲁，将鲁君迁于莒。楚国灭鲁前后，淮北及鲁地曾一度作为春申君封邑，鱼台一带在其辖下。后因与齐国接壤之故，楚国乃于淮北及鲁地改设郡。及秦灭楚，置薛郡，治在鲁县（今山东曲阜市），于鱼台一带设方与、胡陵二县。现所存秦封泥文字中有"方与丞印"，可知秦已设置方与县；《史记》也记载秦汉之际有方与、胡陵县名，属薛郡。

秦初置之薛郡辖区广大，至秦始皇二十八年（公元前219年）增设东海郡，薛郡领地乃减。

鲁国的扩张与鲁隐公观鱼

古代鱼台地处鲁国西南边地，鲁国在此地的活动集中于春秋早期，与其时之国际形势不无关系。春秋初，东方诸侯中以齐、鲁、郑、宋、卫五国为大。鲁是周公之后，此时国势仍相当强大，但惠、隐之际，国交孤立。鲁隐公、鲁桓公时，鲁国转与齐、郑订立邦交，前者与宋、卫、陈、蔡等成为对立的国际集团。

就春秋前的势力分布来说，古代鱼台地区有极国及鲁国之费邑，西则与宋国、戎国相邻。鲁隐公元年（公元前722年），费庈父修筑郎城（后有郁郎亭，旧属鱼台，今属山东滕州市滨湖镇），加强鲁国西南一带防御；次年，鲁国展无骇、费庈父灭极国。展无骇是展禽（柳下惠）之父，《公羊传》以为《春秋》书其名不书其氏为贬义，实际上，展无骇被赐姓展氏是在鲁隐公八年他本人去世之后。鲁国修筑郎城、攻灭极国，其势力范围向西南方向伸展，与其时诸侯国以大并小并无二致。至于鲁国与戎国，在鲁隐公前两国就有交往，戎人在春秋初势力不小，因此隐、桓两公皆在即位不久与戎人复申旧好，鲁国在唐地（鱼台）与戎国结盟，或许是因为此地在鲁国西南边而又与戎国邻近。鲁、宋两国本于鲁隐公初年订盟，此后交恶。鲁隐公六年，郑庄公乘鲁、宋交恶，始结好于鲁国，鲁国也同年与齐国盟于艾；鲁隐公八年，郑国又向鲁国"请释泰山之祀而祀周公，以泰山之祊易许田"。鲁国

鲁隐公观鱼台（武棠亭遗址）

　　武棠亭遗址位于张黄镇武台村，是春秋时期棠邑（今山东鱼台县）治所。鲁隐公五年（公元前718年），鲁隐公在此观鱼。唐宝应元年（762年），因遗有鲁隐公观鱼台，始称鱼台。

　　遗址内现存鲁隐公观鱼处碑，上书"鲁隐公观鱼处"，为明崇祯九年（1636年）所刻，碑背雕刻"重修武棠亭鲁侯观鱼处记"，为清雍正十三年（1735年）撰文。明、清两代相隔99年同树一碑，实属罕见，堪称美谈。

此后正式加入郑、齐联盟的阵营中。鲁隐公九年夏，鲁国又增修郎城；秋，郑国发起伐宋联盟。次年，齐、鲁、郑三国联合伐宋，与宋、卫、蔡等国展开大战。鲁国于菅地（今山东成武县、单县之间）大败宋军，郑国军队攻取宋国之郜、防两邑（皆在今山东成武县），将其送与鲁国。此战后，鲁国疆域又一度向西南方向伸展。及鲁僖公三十一年（公元前629年），鲁大夫臧文仲途经重馆（今山东鱼台县重乡城遗址），参与晋文公瓜分曹地之事，得曹国在济水以北之地，其势力又一度西扩。

古代鱼台在鲁国西南边，诸侯之处于鲁国西南者，若进军鲁地，多取道于此。因此，鲁国参与诸侯伐宋，先修郎城（鲁隐公九年、十年）；郑纠合诸侯与鲁战（鲁桓公十年），宋与齐伐鲁（鲁庄公十年），军队皆经过郎地。鲁庄公八年（公元前686年），鲁国也驻军郎地，以待陈、蔡之军，或解作陈、蔡来犯，或解作齐、鲁合陈、蔡伐郕。鲁闵公元年（公元前661年），公子季友从陈国归鲁，鲁君亦在郎地等待迎接。鲁僖公七年（公元前653年），鲁国与齐国、宋国、陈国、郑国盟于宁母（今山东鱼台县县城，旧有泥母亭）。郑国、宋国、陈国、蔡国皆在鲁国西南方向，隐、桓两公与戎国盟于唐，也因其处在鲁国西南。

此外，古代讲武，借狩猎而习戎事。鲁桓公四年（公元前708年）春，鲁桓公在郎地狩猎；鲁庄公三十一年（公元前663年）春，鲁国筑郎台；鲁昭公九年（公元前533年）冬，鲁国筑郎囿。诸如此类，皆为狩猎之便而兼习军事者。鲁隐公五年（公元前718年）春，鲁隐公矢鱼于棠，亦带有巡视边地目的。古代鱼台当菏水、泗水之交汇，春秋时北方地区的水网池沼又较后世丰富，渔猎之便，本胜于他处，因此鲁君行狩猎，建苑囿、台观，多在此地。

鲁隐公矢鱼于棠，是"矢鱼"抑或"陈鱼"，违礼与否及其何以违礼，自古及今，争论不休。今据袁俊杰《两周射礼研究》（河南大学2010年博士学位论文）折中如下。棠之地点所在，一般以为与"唐"在一地，即鱼台县武棠亭所在，古菏水流经其旁。大抵而言，中国古代确有以弓箭捕鱼之事，文献所载之以鱼为牲，亦可证古时有以鱼祭祀祖先之礼。所谓"矢鱼"即射鱼之礼，乃为祭祀而发。射鱼礼商代即已有之，历西周、春秋而流传不衰，金文所见周王亲行渔猎且以鱼为祭者往往有之。就其环节而言，所谓"矢鱼""陈鱼""观鱼"，是其依次进行的仪节内容，即先以弓矢射鱼，进而于狩猎后及祭祀前陈列展示猎物与牺牲，之后的观鱼即查看鱼牲，为祭祀前仪节。就时间讲，周天子亲行射鱼在季春或者季冬，所选地点也在都城城郊的辟雍大池。相较而言，鲁隐公射鱼，一是时间上与传统不合，二是所行地点远离都城的西南边地，而一般川泽之鱼有专人掌管，国君不当再亲射、亲观，是以臧僖伯以为违礼而不愿从行。鲁隐公初年鲁国修筑郎城、灭极国，其地点与棠地相距甚近，且又与宋国相邻，因而鲁隐公此行自称"略地"，即巡行视察边地。

鱼台归属变迁折射的战国争霸

战国时期，鱼台之地初属鲁，为宋所夺，再归齐，又属魏，继入楚，终归于秦。六七十年间，前后变易频繁，可见其时战争之激烈与形势变易之波谲。

战国时，各小国疆域以宋、鲁为最大。春秋末期，宋灭曹，势力北扩至定陶一带。战国中期，宋剔成君废桓侯而自立，是为戴氏取宋。宋国末代国君宋王偃又称"宋康王"，为剔成君之弟。据《史记·宋世家》等载，宋王偃即位第十一年（公元前320年）称王，有改革国政之举，其时宋兵力之强，被称为"五千乘之劲宋"。宋王偃末年，自欲称霸，灭滕伐薛，取淮北之地；伐齐，取五城；西击败魏军；南击败楚，取地三百里。《说苑·立节》记载宋王偃攻齐国的阿城，并屠戮单父，是其兵锋所向，鲁地之单父邑及古代鱼台一带亦受波及。宋王偃初以王位传太子，后又复位，导致国内政局不稳。兼之宋所辖定陶又是中原最繁荣的都市，诸国多垂涎其地。文献载宋王偃昏暴事迹，称其"盛血以韦囊，县（通"悬"）而射之，命曰'射天'。淫于酒、妇人；群臣谏者辄射之，于是诸侯皆曰'桀宋'"。

宋国扩张背后有齐、赵、宋联合以破齐、魏、韩合纵之隐曲在，然亦将自身陷于孤立。齐湣王先是发动五国合纵伐秦，后又以允许秦攻取魏之安邑为条件，换取秦国不干预其伐宋，"三覆宋，宋遂举"，宋王偃逃死于魏之温地。齐攻得宋地，兼有宋所取楚之淮北地，一时声势甚盛，直接威胁三晋，齐、赵间矛盾尤尖锐。同时，齐军由于伐宋战争而疲惫不堪。公元前285年，秦、赵、燕、魏、韩五国联合伐齐，乐毅兼任燕、赵两国相，以诸侯联军大败齐军于济西，又以燕军乘胜长驱而入，齐国几近亡国。齐所攻取宋地为秦、魏、楚三国瓜分：秦穰侯得定陶为封邑，魏国则占据旧宋国土地之大部，设大宋、方与两郡，楚则夺回其淮北之地。齐之伐宋及五国伐齐，其背后均有纵横家苏秦捭阖设计。齐国曾乘燕国内乱而伐燕，燕昭王深怀复仇之志，是以苏秦被燕昭王用为"死间"而入齐，说齐湣王以伐宋之事，并以燕军为助，欲借以弊齐。苏秦相齐期间，主持合纵摈秦，又离散齐、赵之交，间接促成秦、赵、燕等五国的联合伐齐活动，他自己也被齐国车裂以殉。经此一场波折，宋国灭亡，齐国亦元气大伤，不复往日之盛。

是后楚、魏相争，楚国或许是在瓜分淮北之地的基础上北上的，进而夺取魏国方与郡之部分，古代鱼台之地也因而入楚。此后，秦大举伐楚，拔楚国都鄢、郢，楚顷襄王迁陈，其战略重心也随之东移。及楚考烈王即位，以淮北十二县之地封黄歇为春申君，又乘秦、赵相持于长平之际伐鲁，取徐州。不久，楚相继吞并泗上小国，并最终攻灭鲁国，其疆土也直接与齐国相接。因地处边境，春申君献淮北地，楚国在淮北改置郡县。

总而观之，宋以小国而恣侵伐，终致亡国；"齐能并宋而不能凝也，故魏夺之"。楚国北上，古代鱼台、鲁地及泗上小国皆归其治下。在诸国间所开展的纵横捭阖、波谲云诡的阴谋外交与金戈铁马的厮杀推动下，战国时代逐渐走向尾声，古代鱼台也走向了大一统时代的郡县化。

秦汉三国时期的鱼台

秦汉王朝前后相继，以其大一统的雄伟面貌崛起于亚洲东部，开华夏国家第一个繁荣时代。其所措置，特别是政治制度，对于后代王朝均产生深远影响。

秦汉三国时期鱼台沿革

秦灭六国后，在全国范围内建立郡县制，然自分封至郡县的更迭并非一蹴而就，分封制在相当长的时期内仍然存在。从关涉古代鱼台地区的频繁政区变动中，或可窥探这一历史演进的轨迹。

秦方与、胡陵县属薛郡。项羽以亡秦之功大封诸侯，以包括薛郡在内的梁、楚地九郡自封西楚霸王。项羽败亡，汉"取睢阳以北至谷城"封彭越为梁王，都定陶，包括砀郡全境以及东郡和薛郡的部分县，方与、胡陵应在其中。汉高祖至汉景帝年间，刘恢、吕产、刘太、刘揖、刘武先后被封为梁王。梁孝王刘武时期，梁国辖境相当广阔。刘武死后，梁国分为五，其子刘定居山阳国，方与、胡陵、橐均在其治下。建元五年（公元前136年），刘定死而无后，山阳国除为郡；天汉四年（公元前97年），汉武帝以山阳郡封子刘髆为昌邑王。又，汉武

23

汉彩绘铺首衔环灰陶壶

汉彩绘凤凰灰陶壶

帝时置十三州部，山阳郡属兖州。昌邑王刘贺被立为帝后旋即被废，昌邑国除为郡。汉元帝竟宁元年（公元前33年），复置山阳国。至汉成帝时，山阳国除为郡。新莽时期，汉山阳郡一度改名钜野郡。

具体到县域而言，方与、胡陵在秦为县。公元前187年，吕后封吕禄为胡陵侯；公元前181年，吕禄为赵王，国除为县；汉武帝时，胡陵更名湖陵（汉武帝将京兆胡县改为湖县，胡陵改称湖陵县当与之同时）。橐县可能由东茅侯国与橐侯国合并而来，治今微山县西北。汉高帝六年（公元前201年），刘到被封为东茅侯，汉文帝十六年（公元前164年）国除，当省并，可能即《续汉书·郡国志》所载山阳高平之茅乡；汉高帝八年，封陈错为橐侯，汉武帝元鼎五年（公元前112年）国除。据公元前186年吕后摄政时期的政区，方与县及胡陵、橐、东茅侯国，皆隶属梁国；据汉成帝元延三年（公元前10年）政区，湖陵、方与、橐皆为山阳郡辖县。王莽改山阳郡为钜野郡，所属湖陵县改称湖陆，橐县改称高平。

东汉初年，原更始政权所封梁王刘永割据一方，攻占山阳等郡，其后为汉光武帝攻灭。汉光武帝建武十三年（37年），山阳郡辖下有橐、湖陵、方与三县，属兖州刺史部。建武十五年，封皇子荆为山阳公，建武十七年晋爵为王，山阳郡也先后成为公国、王国。汉明帝永平元年（58年），刘荆谋反被徙，山阳国除为郡；永平二年，南平阳、橐、湖陵、瑕丘县改属东平国。汉章帝元和元年（84年），东平国析置任城国，南平阳、橐、湖陵、瑕丘县还属山阳；同时，橐、湖陵县分别易名为高平、湖陆。概言之，在汉明帝永平二年至汉章帝元和元年间，橐县、湖陵县曾一度改属东平侯国，方与县则一直属于山阳郡。

曹魏之时，兖州治廪丘（今山东郓城县西北），领陈留、东郡、东平、任城、泰山、济北、山阳、济阴等八郡，基本沿袭东汉后期建置。魏山阳郡治昌邑（今山东金乡县西北），领昌邑、巨野、方与、金乡、湖陆、高平、南平阳、瑕丘、东缗等九县（国）。自魏正元元年

汉圆唇平口褚釉凤鸟瓷醧（国家二级文物）

汉跪式青铜人（国家二级文物）

（254年）至甘露二年（257年），诸葛诞被封高平侯，高平为侯国；甘露三年，诸葛诞被处斩，国除。

秦汉之际兵戈四起中的鱼台

秦并诸侯，十余载而天下叛乱四起。陈涉首难，诸侯蜂起，前后三载，卒亡暴秦。自秦末至汉兴的数载之间，战事之惨烈、形势变幻之迅疾，均前所未有。当此之际，古代鱼台地区所处方与、胡陵一带因其地势形要，书写下一幕幕金戈铁马的历史画卷。

秦二世元年（公元前209年）七月，陈胜、吴广以八百戍卒起于泗水郡蕲县大泽乡，胜称王于陈，号为张楚。一时间，反秦之势风起云涌。刘邦于九月起兵泗水郡沛县，称沛公。十月，刘邦率军北上攻打薛郡南部胡陵、方与县。秦军攻扰丰、沛，刘邦还守，秦泗水郡御史平围丰邑，被刘邦军击败。刘邦乃令雍齿守丰邑，自己于十一月北攻薛县，大败秦泗水郡郡守壮，壮逃至戚县，被刘邦部下斩杀。刘邦再击胡陵，夏侯婴与萧何说降固守的泗水郡御史。刘邦率军又下方与，命周勃守之；进至亢父，然后还师，至方与。

与此同时，魏相周市略地至胡陵、方与一带。周市攻方与，方与降魏；又说降雍齿，丰邑亦归魏。刘邦攻丰邑不下，还军沛县。此时，章邯率秦军大败陈胜，陈胜败亡，章邯军别将司马尸领兵北定楚地。正月，秦嘉等拥立景驹为楚王，据留县，刘邦向景驹请兵，击丰邑不下。秦嘉的拥立行为并未取得各方认可。不久，项梁引兵渡淮，军于下邳。秦二世二年（公元前208年）四月，项梁大败秦嘉，追至

泗水捞鼎乐舞百戏汉画像石拓图（现藏鱼台县博物馆）

　　泗水捞鼎乐舞百戏画像石简介：画像石右端略残，自中部断为两截。长190厘米，宽88厘米，厚26厘米。画像分三层。最上层居中二人正进行六博游戏，左有七人侍坐，其中后二人正窃窃私语状；右端因残缺仅见三人侍坐。一层之下，空中百鸟飞翔，右半部为泗水捞鼎图，桥上支两杠杆，众人拉绳升鼎，鼎中有龙首啮断绳索，桥上另有跃空鲤鱼及一犬、一双翅兽；左半部又分两层，为百戏图，一巨大悬鼓居中，上层中间一人弹琴，一人跳舞，右三人、左二人端坐欣赏，最左边一人侍立，下层二人骑虎击鼓，左二人击剑，一人倒立，一人表演跳丸游戏（九九）。

胡陵。两军大战一日，秦嘉战死，景驹出逃，死于梁地。项梁兼并秦嘉军队，驻扎胡陵。此时章邯军进至栗县，项梁派别将朱鸡石、余樊君与之交战，余樊君战死，朱鸡石逃归胡陵。项梁率军至薛县，斩杀朱鸡石。

是时，陈胜身死的消息已确凿，项梁召集将领汇聚薛县，于秦二世二年（公元前208年）六月立楚怀王。刘邦也于此时至薛县，从项梁处请兵攻下丰邑，参与拥立事。此时，章邯大破齐、魏军，齐王田儋、魏王咎先后死。秦军北围田荣、魏豹于东阿，项梁率军北救魏、齐，大败秦军于东阿、濮阳，杀秦将李由。九月，章邯军袭击项梁于定陶，项梁死。楚军退据彭城、砀县一带。章邯北渡河，击败赵军，围巨鹿。反秦战争一度濒于危急。之后，项羽率兵北救赵，大破秦军于巨鹿，威震诸侯，章邯降楚，项羽率诸侯兵西入关。刘邦则奉楚怀王之命，已先一步西入武关亡秦。项羽屠咸阳，大封诸侯，刘邦被徙封巴蜀、汉中，称汉王；项羽自领梁、楚九郡，号西楚霸王，都彭城。

因不满于项羽分封，田荣、陈余反于齐、赵，项羽滞留齐地。这时，汉军已北定三秦，乘机东出关，率诸侯兵三十万攻下彭城。汉封彭越为魏相国，令定梁地，又命樊哙率军攻薛郡所辖邹、鲁、瑕丘、薛县，兵锋或及于方与、胡陵。刘邦自以大获全胜，置酒高会。项羽乃留兵齐地，自率精兵三万南经鲁县，出胡陵进至萧县，于清晨突击汉军，大战彭城灵璧东睢水上，汉军大败，睢水为之不流。汉军所攻鲁、梁之地也被项羽收复。

此后，楚、汉相持于荥阳、成皋一带，汉军北定魏、赵，东下齐地，彭越也频繁袭扰梁地，绝楚粮道，尝攻下昌邑县旁二十余城。齐

车马行军图、狩猎图

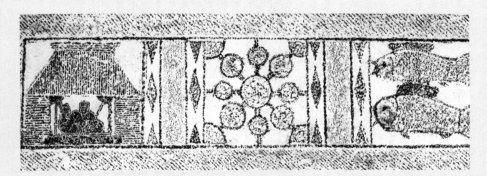

壁画上的贵妇人、穿璧、双鱼

宴会乐舞击剑图

王韩信派遣灌婴南下击楚，破楚军于鲁北，一度南下渡淮河，至广陵。楚大势已去，汉军大败楚军于垓下，项羽死东城。此时，尚有部分城池为项羽坚守，汉军还定楚地，于是有郦商攻打胡陵、樊哙屠胡陵之事。薛郡属西楚，为项氏领地，秦朝时薛郡郡治在鲁县，项羽初封为鲁公，应为鲁（薛）郡公。楚汉之际上承六国余绪，人尚气重义，期在立名立节，故薛郡治所鲁县及辖下胡陵吏民皆为其封君坚守。胡陵县遭屠戮后，汉军以项羽首级出示鲁县父老，鲁县乃降。

在反秦战争初期，刘邦起丰、沛，一度据有胡陵、方与县。此后，魏国扩张，刘邦退守沛县。秦嘉曾率军北至方与，欲进击定陶一带秦军；项梁与秦嘉战胡陵，后项梁又驻军薛县、胡陵，可知魏国占据方与一带时间不长，此地区应从属于广义上的楚政权，同时与刘邦不再有直接隶属关系。及项梁败死定陶，楚军南保彭城、砀县，此地区归秦、归楚，尚难断定。及项氏灭秦分封，薛郡及辖下方与、胡陵归西楚。楚汉相争，此地区为汉军攻打，但仍站在西楚一方，甚至一直坚守到项氏败亡之后。古代鱼台人参与秦汉之际战事而建立功业者亦有之，像安丘侯张说、棘阳侯杜得臣。张说起自方与县，初归魏豹，后归汉，从击项羽，后又以将军北定代地，于汉高帝八年（公元前199年）封侯；杜得臣从起胡陵，入汉，以郎将迎左丞相军攻打项羽，于汉高帝七年封侯。

据兖而起：曹操崛起与汉王朝落幕

东汉鱼台一带大致相当于兖州山阳郡辖下的方与、湖陆、高平三县。汉末曹操于兖州击破黄巾军余部，又挫败吕布对此地的争夺，稳据以为根本，挟天子而令诸侯，扫平群雄，成曹魏建国之基，遂移汉祚。

汉末扰攘，董卓以关西兵入洛阳，挟持汉帝，西迁长安。关东群雄并起，联合讨董，曹操亦纠集宗族宾客部曲，起兵于陈留，时在中平六年（189年）末。黄巾之乱后，趁乱而起的盗匪武装在在皆是，"黑山贼"侵扰河北郡县，东郡亦深受其害，曹操出任东郡太守，率军大破其众。汉献帝初平三年（192年）四月，青州黄巾军余部西入兖州，杀任城相，转入东平。兖州刺史刘岱与战不胜，被杀，众推曹操出任兖州牧。曹操于济北击败青州黄巾军主力，受降卒三十余万，男女百余万口，收其精锐者，号为"青州兵"，曹氏势力始大。初平四年，曹操击破袁术于封丘，袁术走奔淮南，于是曹操便将袁术势力驱逐出兖州。

是年秋，曹操为报父仇东征徐州陶谦，南至彭城、郯县，坑杀男女数十万口于泗水。兴平元年（194年）春，曹操二次东征徐州，略地琅琊、东海郡，所过残灭，破刘备军于郯县东。曹操兵悬于外，东郡人陈宫联合陈留太守张邈迎吕布为兖州牧，兖州郡县一时响应，唯有甄城、范、东阿三县为曹氏坚守。曹操返兵与吕布相持于濮阳，曹还甄城；吕布东至乘氏，为乘氏人李进所破，乃东屯山阳郡。兴平二年春，曹军败吕布于定陶，又败之于巨野，斩其将薛兰、李封。吕布又从东缗县与陈宫率兵万人与曹操交战，被曹氏设伏兵击败。吕布败走，东奔徐州，曹操攻拔定陶，分兵平定诸县。该年十月，曹操被汉献帝拜为兖州牧。至此，曹氏在兖州的根基日趋稳定。

建安元年（196年），曹操攻下豫州陈国，又南讨汝南、颍川黄巾军，据许县，势力伸入豫州境内。此年八月，曹操将汉献帝自洛阳迎至许，自领司隶校尉，录尚书事，又于河南梁县大败杨奉，掌控司隶河南地区，得以挟天子以令诸侯。曹操于此年先袭封费亭侯，又封武平侯。曹腾初封费亭侯，后曹嵩袭爵，曹操又承袭之。费亭的位置，《后汉书·郡国志》以为在沛国鄸县（今河南永城市），《晋书·地道记》以为在山阳湖陆县西费亭城（今山东鱼台县）。同年，曹操采纳枣祗、韩浩建议，始兴屯田，募民屯田许下，得谷百万斛。汉末扰攘，田园荒芜，一方军阀如袁绍、袁术，军队甚至靠桑椹、蒲嬴充粮。曹氏征伐四方，兼并群雄，其所凭依的经济基础即屯田之法。后曹操南征张绣、袁术，东征吕布、刘备，败袁绍于官渡，平定河北，基本稳固占据北方地区，为曹魏建国奠定基础。

汉末扰攘之际，青州黄巾军西入兖州，掠任城，曹操与吕布战于定陶、巨野、东缗，古代鱼台一带或受其波及。曹操据兖州，收青州兵，兴屯田法，遂成其崛起之根基。古代鱼台所见证的曹氏崛起，同时意味着延续四百余年的汉王朝的落幕。

两晋至隋唐时期的鱼台

自晋末以至隋朝统一，华夏大地陷入长达300年的分裂时期。晋末北方少数民族南下，在北方大地纷纷建国立号；东晋建国江左，其后数代相承。北方政权的南扩与南方政权的北伐交相迭进，疆域之变迁与国势之盛衰亦随时变易。及隋承北周，灭陈而成其混一之基业。迄乎有唐，遂开华夏国家又一个繁荣时期。

两晋南北朝时期鱼台沿革

西晋承曹魏之基业而实现短暂一统，至其末年，内外交讧。北方少数民族南下，建国立号，中原地区遂陷入剧烈的动乱之中。动乱所及，鱼台一带所属兖州高平郡在西晋末至刘宋年间之归属几经变易，此后隶属北朝版图，直至隋朝一统南北。就其区划建置而言，南北朝时承用汉代形成的州、郡、县三级制，至于县域省并、县名兴废，亦因时而变。

晋武帝泰始元年（265年）更名山阳郡为高平国，治昌邑，属兖州，领县七，其中包括方与、高平、湖陆。晋末战乱，东晋建政江左，兖州及其辖下高平郡几经反复落于后赵之手。后赵末至前燕初，中原局势大乱，东晋褚裒（chǔpóu）、殷浩、桓温前后主持北伐，兖州部分郡县一度还属于东晋，后又归前秦。淝水之战后（383年），东晋乘胜北征，一度恢复在徐、兖、青、司等州的统治，随后秦、后燕崛起而不久失去。后赵、冉魏、前燕、前秦之时，高平郡皆属兖州，后燕时则属徐州，高平、方与、湖陆三县皆在其治下。后燕慕容宝北迁，南部疆土尽失，高平等郡或于此后入东晋。迟至东晋义熙六年（410年），东晋兖州成为有实土之州。以义熙十四年区划建置而言，兖州领有高平九郡以及陈留王国，高平郡治高平县（今山东微山县西北），领县七，高平、方与皆在其中，湖陆县废。

刘宋承晋末疆域，但在与北魏对峙过程中逐渐失去黄河以南疆土。刘宋初年，北魏取黄河南岸滑台，又夺兖州西部、豫州北部和司州全境，高平郡一部分入魏。宋文帝初年，到彦之北伐，短暂克复河南地后又被北魏夺回，不过兖州及其所辖高平郡在430年至466年被控制在刘宋手中。至宋泰始二年（466年），刘宋徐州刺史薛安都、兖州刺史毕敬仲降魏，两州陷没。此后，兖州及所辖高平郡归于北朝治下。北魏皇兴二年（468年），设东兖州，太和十八年（494年）改称兖州，治瑕丘城（今山东济宁市兖州区）。兖州辖下高平郡治高平，初领高平、方与、金乡、平阳、亢父、巨野六县，后又有任城县。北魏神龟元年（518年），任城、亢父、巨野三县划归任城郡。

北魏末年，六镇起义，随之东西魏分裂，北齐、北周分别取代东西魏，北齐之后又被北周所并。东魏、北齐之时，涉及鱼台地区的区划变更相当大。东魏武定年间（543—550年），兖州领有包括高平在内的六郡，高平郡领有高平、方与、金乡、平阳四县。北齐时，原任城郡任城县划入高平郡，高平郡郡治移往任城。具体到县名、县域变更，北齐文宣帝时废省高平、方与、平阳三县，又划入任城一县。因此北齐天保七年（556年）之后，兖州领东平、高平、任城三郡，高平郡领任城、金乡二县。北周承之，直到隋开皇十六年（596年）重置方与县。

隋唐时期鱼台沿革

隋代北周，灭陈而混一南北，国祚虽短，然其措置却为继之而起的唐王朝奠定基础。隋和唐前、中期，涉及鱼台地区的行政区划变更相当频繁，后基本稳定在河南道的兖州（鲁郡）辖下。隋文帝改汉魏以来州、郡、县三级制为州、县两级制，简并州、县数目。此后，称"州"称"郡"几次反复，最终固定用"州"。除唐初以来的道、州、县三级监察、行政区划外，隋末及唐前还存在军事性质的总管府、都督府，安史之乱后又设有节度使、观察使、防御使，且前后变化无定。迄于唐末五代，州县普遍隶属于节度使军镇之下，一直持续到宋初。

北齐天保七年（556年）后，高平郡领任城、金乡二县。隋开皇三年（583年）政区调整，高平郡罢，兖州下领高平、任城等十二县，金乡县归于曹州治下。邹城市石里村曾出土标记有隋开皇六年兖州高平县的造桥碑记，可见开皇初曾一度恢复高平县建置，这或许是之后恢复方与县建置的基础。开皇十六年隋朝在黄河中下游地区增置州县，重置方与县，属戴州。戴州治成武，领成武、金乡、方与、楚丘、单父五县。大体而言，北齐时高平郡尚存，所废高平、方与县或被同属于本郡的任城、金乡两县分割，开皇年间恢复的高平、方与县则相应从任城、金乡县析出。高平县当在方与县重置的同时或稍后被省并入方与县，因存在时间短暂，《隋书·地理志》不载。及隋炀帝继位，对行政区划再加更置。大业二年（606年），朝廷简并州县数百，废戴州，将方与县归入徐州。至大业三年，因慕秦汉郡县古制，改州为郡，多采汉郡旧名，将徐州改为彭城郡，下辖方与在内的十一县。

隋末大乱，行政区划之称变更不定。李魏（李密瓦岗军）称州，宇文许（宇文化及）用郡，王郑（王世充）用州，唐亦用州。彭城郡短暂归附李魏，唐武德元年（618年）归宇文许，二年归王郑，改为徐州。武德四年，朝廷平王世充，割曹州金乡县、徐州方与县设金州，治金乡，隶兖州总管府。是时以归附唐朝的起义领袖徐圆朗为兖州总管，封鲁国公。武德五年，窦建德旧将刘黑闼反唐，自称汉东王，徐圆朗起兵响应，金州属刘汉河南道行台。同年，唐军出兵平叛，金州废，金乡、方与二县划归戴州。这一戴州是王郑在武德二年割曹州成武县所置，取隋代旧州名，初治成武，隶曹州总管府。以贞观十三年（639年）区划言之，戴州辖金乡、方与等六县，治金乡，属河南道。贞观十七年，戴州废，金乡、方与二县隶兖州。

唐玄宗以后的区划变革，一是称"州"称"郡"几经反复，二是安史之乱后的地方军镇化，三是"鱼台"作为县名取代"方与"。唐玄宗时制度复古，改州为郡。天宝元年（742年），唐玄宗改兖州为鲁郡；天宝十三载，鲁郡领瑕丘、方与等十一县；天宝十五载（肃宗至德元载），鲁郡归安氏燕国，改为兖州，隶北海节度使；同年归唐，复为鲁郡，隶郓齐兖都防御使。唐肃宗乾元元年（758年），复称兖

大唐方与县故栖霞寺讲堂佛钟经碑（679年）拓图

田零芝碑铭并序碑（唐前期）拓图

州；乾元二年，置兖郓节度使，为使治。唐代宗宝应元年（762 年），罢镇，兖州隶河南节度使。因境内有鲁隐公观鱼台，始改方与县为鱼台县。大历十一年（776 年），兖州隶淄青平卢节度使。唐宪宗元和四年（809 年），移鱼台县县治于黄台市（今山东鱼台县王庙镇）；元和十四年，朝廷平定淄青平卢节度使李师道叛乱，兖州隶沂海观察使，鱼台县暂隶徐州；元和十五年，沂海观察使升为节度使，使治自沂州移至兖州，鱼台县还属兖州，沂海节度使后称兖海节度使，又改称观察使。唐僖宗咸通十四年（873 年），兖州领瑕丘、鱼台等十县。乾符三年（876 年），置泰宁军节度使，兖州仍为使治。及后唐同光二年（924 年），方与、金乡两县改属单州，归宋州归德军节度使辖下。

鱼台归属变迁与南北征伐

两晋南北朝时期，关涉到鱼台地区所属兖州高平郡一带归属的军事斗争，主要集中在西晋末至刘宋后期的时间内。当此之际，北方政权的南扩与东晋南朝的北伐交替进行，河、淮一带的控制权在双方之间反复易手，在血与火的动乱中推动着历史的演进。

后赵政权的扩张与祖逖北伐

两晋之际，晋与后赵在河、淮一带几度拉锯，祖逖北伐与后赵南扩，鱼台地区所属的兖州高平郡一带皆在其波及之下。

石勒是上党郡武乡县羯人，晋末大乱时起兵，后依附在匈奴汉国旗帜下率军纵横寇掠。西晋永嘉四年（310 年），王弥率兵会合石勒侵扰徐、兖、豫三州，汉赵将领曹嶷、刘粲亦长驱直进，大河两岸区域及山东诸地皆难为晋守。汉赵嘉平二年（312年），石勒建都襄国，自此对外开疆拓土，至319年称王立国。略定河水以北后，石勒势力不断向南拓展，进攻司、兖、青几州之地。西晋建兴元年（313年），石勒派遣石虎攻陷邺城，进而克定兖州，山东郡县多为其攻取。建兴三年至四年间，石勒接连攻陷濮阳、东燕、廪丘、甄城等地，与晋将祖逖争夺兖西、陈留一带。

建武元年（317年），琅琊王司马睿在建康称帝，继承晋统。面对石勒政权的扩张势头，晋将祖逖于危局之下担起重任，一度挫其锋芒，因无支持，饮恨而终，所夺土地复为后赵夺回。祖逖（266—321年），字士稚，范阳郡遒县人，世吏二千石，于州郡为大姓，为人任侠好施，乡党重之。晋末大乱中，祖逖率亲百余家避地淮、泗，被推为行主。祖逖率众渡江之际，击楫中流，誓要扫清中原。自西晋末，祖逖屯兵淮阴，进取中原，攻取后赵河南、淮北地。克太丘、谯城，至东晋大兴三年（320年），祖逖进至封丘、雍丘一带，后赵镇戍归于祖逖者甚多，由是黄河以南尽为晋土。因忌惮祖逖的实力，晋室对其北伐不予支持。大兴四年，晋室以戴渊都督司、兖、豫、并、雍、冀六州诸军事，祖逖忧愤成疾，于该年九月卒于雍丘。

晋室以其弟祖约为豫州刺史，代领其众，祖约因不敌石勒，退至寿春。东晋大兴五年（322年），石勒南下，徐、兖之地复失。晋明帝太宁元年（323年），石勒杀害兖州刺史田徽；太宁三年，司、兖、豫三州之地被全部攻陷，东晋的对北防线退至淮南。至此，包括高平郡在内的兖州全境为后赵占据。

桓温北伐与枋头之败

后赵末年大乱，冉魏代赵而立，东晋趁势北征，前燕也借机南下，三方对旧后赵疆土展开激烈争夺。随着各方军事征伐的胜败，包括兖州高平郡在内的疆土曾在短时间内反复变更其归属，最终被前燕占据，并随之归入前秦。

东晋永和五年（后赵太宁元年，349年），石虎死，后赵大乱，其中央权力逐渐为冉闵所控制。次年，冉闵称帝，至352年被前燕所灭。其间，徐、兖、荆、豫、扬等州郡长官一度归降东晋，兖州高平郡一带属晋。自后赵衰乱至前燕兴起的这段时间，东晋数度北伐，多半战果不大，唯桓温所主导的曾取得短暂胜利。永和十二年（356年），桓温自江陵北伐，克洛阳。至此，东晋收复寿春，徐、豫、荆三州北境，以及兖、司二州河南地。桓温（312—373年），字元子，出身谯国桓氏，东晋一代权臣，功勋卓著。永和十二年北伐前，桓温于永和二年及十年分别征伐成汉与前秦，均取得重大胜利。此次北伐，桓温率军过淮、泗，践北境，与诸僚属登平乘楼，眺瞩中原，慨然曰："遂使神州陆沈（沉），百年丘墟，王夷甫诸人不得不任其责！"颇有收复旧疆之志。

与此同时，鲜卑慕容氏的前燕政权也在积极地扩张疆域。鲜卑慕容氏乘晋末战乱占据昌黎郡，扩至辽水东西，击破周边部族，乘后赵末年大乱入据中原。慕容儁即燕王位（349年）后，占有黄河以北地区，并向河南不断开拓，在355—359年间夺得青、兖、豫等州的诸多郡县。慕容暐即位后，继续向河水以南地区扩张，至365年攻拔洛阳，次年得鲁郡、泰山、高平、南阳等四郡，晋河南地一时陷没。

前燕的扩张势头对东晋造成威胁。东晋太和四年（369年），桓温率军北伐前燕。晋军攻拔湖陆，擒获燕将慕容忠，又大败慕容厉军，高平太守举郡来降。此次北伐正值大旱，水道不通，桓温命军在巨野开凿三百余里的河道，以便水运，后世称之为"桓公沟"。桓公沟起自方与县（今山东鱼台县）菏水，经亢父、薛训渚（两地皆在今山东济宁市任城区），北至须城（今山东东平县境内），此后的军事征伐与水路交通也多仰赖之。前燕以慕容垂领兵抵御桓温，并求得前秦发兵来救。同时，晋将袁真克谯、梁，而未能开通石门水运。晋军作战不利，军粮竭尽，乃焚舟自陆路退军，被慕容垂率兵追及，大败于襄邑（今河南睢县），死伤惨重。至此，东晋收复的司、豫、青、兖等地再失，唯保有淮北之徐州部分。鱼台地区所属兖州高平郡也归于前燕治下，后归前秦。

东晋末、刘宋初之北伐与拓跋魏的扩张

淝水之战后，原被前秦占据的豫、兖、青、徐之地被东晋攻取。然自东晋太元十一年（386年）后，随着后秦、后燕的崛起，河南之地又渐沦陷。晋末刘裕崛起，东晋王朝逐渐走向终点。刘宋时期，宋、魏为黄河以南之地的归属互有征伐，最终以北魏的胜利而告终，兖州高平郡一带也自刘宋末之后被长期控制在北方政权之手。

东晋太元十九年（394年），后燕略地青、兖，攻陷濮阳、东平、高平、泰山、琅琊诸郡。后燕败于北魏，幽州以南之地皆不保。东晋隆安三年（399年），鲜卑慕容德夺取晋青州地建南燕，南燕与晋相持于泗水。当此前后，后秦据有旧兖州陈留郡，南燕据有泰山郡，高平

郡等地或在后燕乱后归于东晋，三方于此形成犬牙交错之势。此时，东晋先有孙恩、卢循之乱，继有桓玄之乱，无力北顾，淮南以北之地相继沦丧，直到刘裕崛起得到改变。东晋义熙五年（409年），刘裕北伐南燕，兵临广固城下，次年灭南燕。义熙十二年，刘裕以姚兴死而伐后秦，次年灭之。晋室江左政权疆土臻于极盛，北抵大河，西有关中，增置北徐州（治彭城）、北兖州、北青州、司州、雍州。兖州也于义熙六年后成为实土建置之所在。东晋元熙二年（420年），刘裕代晋建宋，东晋亡。

拓跋魏崛起代北，灭后燕而张其势，之后乘刘裕新丧、刘宋王朝权力更迭不稳之际掠取河南之地。宋永初三年（422年），魏军南下，拔滑台而逼虎牢，遣军渡河，扰掠青、兖，宋兖州刺史徐琰弃尹卯南走，于是泰山、高平、金乡等郡皆没于魏。宋景平元年（423年），宋、魏对司、青、兖等地展开激烈争夺，魏将娥清、周几、闾大肥率军攻至湖陆、高平一带，宋将屯戍湖陆，以兵少不敢出。此次攻伐，刘宋丧失兖州西部、豫州北部、司州全境，然宋将屯戍湖陆、项城等地，魏军亦不得前，鱼台地区成为宋、魏对峙的前线。

宋文帝刘义隆继位后，意图恢复黄河以南之地，起用到彦之统领北伐事业。到彦之，字道豫，彭城武原人，长期追随刘裕，累有功勋。宋文帝继位后，到彦之又有平叛之功，故被寄予厚望。宋元嘉七年（430年），到彦之率军北上，自淮入泗，不战而克复河南故地，司、兖皆平，然分兵列戍，致兵力单散，给魏军反扑以可乘之机。至该年十月，魏军渡河南下，宋所占洛阳、虎牢等城皆不守，到彦之仓皇退兵，焚舟弃甲，步趋彭城。宋将竺灵秀放弃须昌，南奔湖陆，致青、兖大扰。随后，魏将叔孙建进攻湖陆，竺灵秀大败，死者五千余人。由此观之，此时的鱼台地区一度为战火所及。元嘉八年，滑台又失，河南之地再陷。此后，宋之疆域得以暂时稳定。总之，这次被寄予期望的北伐以刘宋草草败退而告终，军资损失严重。是时北魏急于伐夏，亦无力南征，刘宋在疆土上有一定收获，兖州辖下的泰山、高平、鲁、东平、济北诸郡被收复。

宋元嘉二十三年（北魏太平真君七年，446年），北魏军入侵宋兖、青、冀三州，杀掠甚众，致北边骚动。魏永昌王拓跋仁至高平郡，擒获宋将王章，略金乡、方与，迁其民五千家于河北。是后元嘉二十七年（450年）与二十九年，刘宋两度北伐，皆无功，反致北疆残破。到宋明帝泰始年间，刘宋疆土又发生大变化。宋明帝杀废帝自立，邓琬等亦在泰始二年（466年）扶立刘子勋为帝，地方响应者甚众。宋明帝讨平叛乱，北讨徐州刺史薛安都，薛安都及汝南太守常珍奇降魏，魏军南下。十一月，北魏军进至瑕丘，兖州刺史毕众敬请降，魏将尉元遣部将占据瑕丘城，率军长驱而进，兖州及其辖下高平郡为北魏占据。刘宋疆土大片失陷，兖、徐二州于泰始二年陷没，淮西汝南、新蔡、汝阳等七郡降于北魏；泰始四年，侨冀州被魏攻陷，泰始五年青州亦陷。至此，刘宋淮北之四州及豫州淮西地并没，刘宋北疆遂自河南退至淮南。鱼台地区所属高平郡自此归于北朝统辖，直到隋朝统一南北。

徐圆朗、李师道、庞勋与唐王朝的兴灭转折

唐初平定徐圆朗叛乱，王朝统一也基本完成。唐宪宗时平定淄青

平卢节度使李师道叛乱，是朝廷削弱安史之乱后藩镇割据势力的重要一役，号称"元和中兴"。而唐末庞勋叛乱，成为黄巢起义的先声，也由此敲响了唐王朝的丧钟。缕述三者之次第兴灭，非但关涉鱼台地方史事，也可以折射唐王朝的兴灭转折。

徐圆朗

隋末群雄纷起，集中于河南（黄河以南）、山东（太行山以东，或泛指黄河南、北之广大区域）一带，论其大者，在河南先后有李密、王世充，在河北先后有窦建德、刘黑闼、高开道等。

徐圆朗籍属兖州，隋末亡命为盗，纵兵略地，据有东平、兖州、琅琊三郡之地。徐氏初附于李密，李密败，徐氏暂归宇文化，又于武德二年（619年）七月一度降唐。此年，窦建德攻陷滑州，迫于威势，徐氏转归附之，此后依违于窦建德、王世充之间。及窦建德、王世充相继覆灭，徐圆朗降唐，拜兖州总管，封鲁郡公。徐圆朗统辖方与县，也是在武德四年设金州之后。窦建德于隋末据河北，颇具人望。唐杀窦氏而征其故将，旧将刘黑闼乃据窦氏故地反唐，唐兖州总管徐圆朗响应，刘黑闼以其为大行台元帅。刘氏于武德五年初建元称王，一时声势颇大。唐军击败刘黑闼，进军围攻徐圆朗，徐氏屡败，困守孤城，至武德六年二月与数骑弃城夜逃，被乡民所杀，其地悉平。唐朝在武德五年废置金州，以金乡、方与县属戴州，至贞观十七年（643年）又属兖州，其后基本不变。在平定刘黑闼、徐圆朗前后，唐政权也基本削平各地的割据势力。于是乎刘、徐起兵这一隋末群雄的余响，亦在某种程度转换为唐朝一统事业的前奏。

李师道

安史之乱后，唐朝在内地也广设藩镇，自中晚唐迄于五代，中国历史进入藩镇时代。除由安史余部演化而来的河朔三镇幽州、成德、魏博外，以平叛战争中南下的旧平卢镇军将领为骨干，构成淄青、汴宋、淮西河南（黄河以南）三镇。困于内外种种原因，唐代宗对藩镇持优待政策，助长其自立化趋势。诸藩镇节度使相与联结，约定以土地传子孙，虽仍奉唐朝正朔，而自专官爵、甲兵、租赋、刑杀，唐中央不能预其事。

淄青镇，又称平卢淄青镇，《新唐书·藩镇传》将其列于河朔三镇之后。自唐代宗永泰元年（765年）首任节度使侯希逸被逐，李正己继任，淄青镇割据从此开始。从李正己到其子李纳，再到李纳子李师古、李师道，淄青镇历三世五十五年，至唐宪宗元和十四年（819年）灭。其统辖范围，淄青镇初领淄、青、齐、海、登、莱、沂、密、德、棣等十州之地；及大历十一年（776年）平汴宋镇李灵曜之乱，诸道共攻其地，李正己又夺得曹、濮、徐、兖、郓等五州，共有十五州之地，节度使使治也从青州徙至郓州。唐德宗时，淄青镇失徐、德、棣三州；至元和末，总辖十二州之地。此时淄青镇"内视同列，货市渤海名马，岁岁不绝。法令齐一，赋税均轻，最称强大"。

唐德宗李适即位，标志着安史之乱后唐廷重振其威望与权力的开始。新旧四镇之乱加泾原兵变，迫使唐德宗改变处置藩镇问题的策略，对两河藩镇自专其命只得姑息了事。直到唐宪宗元和年间，才又一次对藩镇问题采取积极有效的处置办法。

如以唐廷立场看，河南藩镇"顺地化"过程，或可称之为一个"去平卢化"的历程。通过分割平卢系藩镇的政治版图与瓦解其军事支柱，磨灭河南的河朔因子，从而使河南重新接受王朝的控制。唐宪宗统治后期的削藩战争主要针对淮西、淄青两镇。自元和九年至十三年（814—818年），唐廷终于取得讨伐淮西镇的胜利。为了阻挠唐廷削藩，李师道不仅暗中干扰朝廷对淮西的征伐，乃至遣人刺杀宰相武元衡，伤裴度，焚烧东都粮储。及淮西殄灭，河朔三镇又尽归朝廷约束后，淄青也终于感受到来自唐廷的直接压力。元和十三年正月，李师道"遣使奉表，请使长子入侍，并献沂、密、海三州"，但惑于部将与妻妾奴婢反对，李师道放弃"纳质割地"初衷，也最终招致唐宪宗对淄青用兵。

较之征伐淮西的历时数载，朝廷讨平拥有十二州之地的淄青镇仅耗时八月。元和十三年（818年）七月，唐宪宗下诏剥夺李师道官爵，命宣武、魏博、义成、武宁、横海等五镇兵分几路讨伐。其中，武宁军节度使（治徐州）李愬与大将李祐率军北上，与淄青镇兵交战十一次，在兖州鱼台县破敌三千余人，克复要地金乡，功勋卓著。魏博节度使田弘正率军自杨刘渡河，距郓州（节度使治所）四十里下营。诸军四合，累克城栅要卡。受命抵御魏博军的淄青镇镇将刘悟叛降，转攻李师道，杀之以献。元和十四年二月，淄、青十二州平，唐宪宗遂以户部侍郎杨于陵为淄青宣抚使，分割李师道地。淄青镇一分为三：以郓、曹、濮为一道，后赐名天平军；淄、青、齐、登、莱为一道，仍领平卢军名；沂、海、兖、密为一道，设置观察使。曹华任沂海观察使，其后观察使升为节度使，治所自沂州移于兖州。有鉴于李氏淄青镇治下民风顽骜，朝廷有意化导风俗，于是"躬礼儒士，习俎豆之容，春秋释奠于孔子庙，立学讲经，儒冠四集"。

兖州所属军镇，自安史之乱平后的兖郓（汴宋）镇而转归淄青镇，均为平卢系藩镇；及元和末平定淄青李师道，淄青一分为三。唐宪宗元和中兴功业的完成，正是在成功征剿淮西与淄青，并辅之区划更置及文教风化的基础上实现的。李师道覆灭使得河南的藩镇跋扈之局宣告终结，平卢系藩镇在该地的长期统治就此结束，这一地区的藩镇版图得以稳定。尽管唐宪宗于元和十五年去世后河朔藩镇复叛，但对河南而言，其"去平卢化"举措的成功实施，保证了此区域"尽遵朝廷约束"的局面得以持续，也由此展现了元和中兴的一个分幕。

庞勋

唐懿宗咸通九年至十年（868—869年），庞勋叛乱，成为唐末大规模战乱的先导，也预示着存续了近三个世纪的唐王朝已到崩溃覆灭的前夜。

中晚唐时期，藩镇普遍存在骄兵问题，担任护卫的藩镇牙兵父子相继，往往为自身利益驱逐主帅，制造骚乱。徐州所属的徐泗镇（武宁军）骄兵现象尤甚，在庞勋叛乱之前，就有剽悍跋扈的银刀兵在咸通三年（862年）发动叛乱，但被徐州节度使王式残酷镇压，徐州一度被降为团练州。此外，徐州一带民风剽悍，长期以来都是动乱的渊薮所在。

9世纪，南诏政权扩张，屡屡侵犯四川、安南等地，对唐王朝的南部边疆造成巨大威胁。为抵御南诏入侵，朝廷增兵岭南，双方展开激烈争夺与对峙，安南在两者手中几次易手。唐朝虽挫败南诏军队的进攻，但也为此投入了大量人力、物力。庞勋领导的叛乱队伍，起初是朝廷调戍岭南的徐州藩镇的士兵。

为增强岭南一带的防御力量，朝廷命徐泗镇招募两千士兵增援，其中八百人戍守桂林。依照规定，防戍士兵三年一轮换。八百名戍卒已在桂林戍守六年，多次请求更换而不得，此时又因朝廷军费不足被要求增加一年期限，普遍怨怒。下级军官许佶、赵可立、姚周等乘长官调任之际，杀死都将，推粮料判官庞勋为首，率军北还。朝廷对其采取绥抚政策，从而助长了庞勋等叛军的骄恣气焰。庞勋等于途中扩张队伍，众至千人，意图拥兵要挟爵赏，求取藩镇节度使。咸通九年十月，庞勋等大败节度使崔彦曾所遣军队，攻陷徐州城，随后一面遣军四出，据守要冲；一面向朝廷勒索节度使官职。同时，叛乱队伍不断扩大，其中不乏好事之徒，以及群盗亡命之辈。庞勋率军出掠邻近州县，攻下包括鱼台在内将近十县，又围困逃匿于宋州东部磨山上的民众，致数万人渴死。

叛乱军队遮断漕运，给朝廷造成巨大威胁。朝廷派遣康承训等率军讨伐，康承训奏请朝廷调借沙陀及吐谷浑、达靼、契苾等部落兵，沙陀部首领朱邪赤心（后赐名李国昌，李克用之父）率部助唐军平叛。这支沙陀骑兵作为前锋，陷阵却敌，在平叛过程中发挥了重要作用。兖海节度使曹翔、魏博军将领薛尤也加入平叛行列，率军屯扎在徐州境内滕、沛、丰、萧一带。庞勋叛军在丰县打败魏博军，曹翔退保兖州，叛军势力又一度延及兖州南部鱼台等地。

在唐朝军队的攻势下，叛乱之势得到扼制。庞勋驱人为兵，诛敛富室，与他一同起兵的桂林戍兵同僚夺人资财，掠人妇女，致民不聊生，叛军彻底失去了民心。庞勋由索求节钺变为公然反叛朝廷，建号立帜。至咸通十年九月，叛乱被基本镇压，庞勋败亡；十月，余部被荡平。

自咸通九年七月庞勋等北归，至次年九月叛乱被平定，这场动乱持续一年有余，波及范围达十余州。庞勋之乱对唐末动乱起到"示范"作用，更严重、更大规模的叛乱不断爆发，显现出朝廷政治腐败、官吏无能、军纪废弛、社会动荡不安，一场社会大危机即将来临。之后，乾符元年（874年），王仙芝起兵长垣；二年（875年），黄巢起兵响应。正如范祖禹所称："庞勋之乱，起于桂林之戍；黄巢之寇，本于徐方之余。"

五代至宋元时期的鱼台

经历唐末五代的战乱割据，华夏大地在局部统一的北宋王朝迎来了经济、文化的大繁荣、大发展。然自宋初以来，雄踞北方和西北的辽、西夏政权就给宋朝带来不小的军事压力。宋、金联合灭辽，宋又迅速被金进犯，宋、金政权战而后和，至13世纪初蒙古政权崛起，西夏、金、宋王朝统统在这一轮蒙古旋风之下归于覆灭，大一统的元王朝建立起来。两宋之交与金末元初，多方势力的争夺在单州鱼台附近的土地上绘下纷繁复杂的历史画卷。

五代至宋元时期鱼台沿革

五代至宋元时期，鱼台基本上隶属于单州，州以上的政区归属则有不少变化，而当两宋之交和金末元初王朝交替之际，鱼台一带的归属因各派势力的斗争而频频变动。

唐末，鱼台县属兖州泰宁军节度使管辖。泰宁军在唐末被朱温所并，后梁开平元年（907年），泰宁军领兖、沂、密等三州；兖州领有瑕丘、鱼台等十一县，治瑕丘。后唐同光二年（924年），兖州之金乡、鱼台二县别属单州，辖于宋州归德军（归德军即后梁宣武军）节度使。单州旧称辉州，为唐末朱温上奏设置，初领单父、砀山、虞城、成武四县，治在单父；同光二年（924年）改称单州，领单父、砀山、鱼台、金乡、成武五县。此后，单州历后晋、后汉而不改。后周广顺二年（952年），单州别属曹州彰信军节度使管辖，彰信军辖曹、单二州；金乡县改属济州，单州辖四县，至宋不改。

五代以军统州，军置节度使，表现出藩镇割据的时代特征。至宋代，宋初，皇帝加强中央集权，地方大区划因仍唐代之道；中期以后，路制渐趋成熟，全国被分为若干路。宋初，单州鱼台县属河南道，领县与后周相同。宋真宗即位后，分天下为十五路，单州属京东路。至神宗时期，朝廷进一步细化路的划分，熙宁七年（1074年），分京东路为东、西两路，单州属京东西路，至北宋末不变。据宋神宗元丰年间建置，单州为团练州，具有一定的军事地位。

宋铜佛像

金灭北宋，单州鱼台等地在宋、金和伪齐政权间几经转隶后最终归于金朝治下。金朝时，单州起初是军事州，隶属汴京路，为应天府（后改称归德府）支郡。贞元元年（1153年），汴京路被改为南京路。大定二十二年（1182年）单州改为刺史州，泰和八年（1208年）为中等刺史州，贞祐四年（1216年）升为防御州。天眷三年（1140年），单州辖四县：单父、成武、鱼台、砀山；兴定元年（1217年），砀山县改属归德府。

金末，蒙古大军南下，金朝华北疆土上各种反叛、割据势力蜂起，单州一带的归属又几经变化。金贞祐四年（1216年）初，单州为红袄军郝定所据，同年叛乱即被平定。兴定五年（1221年）四月，归附蒙古的汉军将领严实进据东平，降蒙的忠义军头领石珪在六月被授予济、兖、单三州总管，辖于严实治下的东平行台，单州鱼台之地被蒙古占据，后曾被南宋忠义军短暂夺取。窝阔台八年（1236年）左右，蒙古实行"画境之制"，严实所占据的金河北西路和大名路地盘中，大名、彰德部分州县被割出。齐鲁方面，则将石珪、石天禄父子所辖济、兖、单三州归属严实麾下，隶东平路。元至元五年（1268年），东平路被剖分为十；八年（1271年），济州升格为济宁府；十六年（1279年），济宁路总管府正式设立。济宁路领一录事司、七县、三州，三州即济州、兖州、单州。

就鱼台县而言，窝阔台七年（1235年），鱼台县自单州改属济州；元至元二年（1265年），鱼台并入金乡，三年复故。元代济州管辖任城、鱼台、沛县三县。又依蒙古投下分封之制，济宁路为弘吉剌部长按赤那颜等的"分邑"路，税五户丝，且具有任命陪臣为达鲁花赤等特权。

北宋庆历七年（1047年）造像经文碑拓图阳面

北宋庆历七年（1047年）造像经文碑拓图阴面

南北相争：宋、金战争中的鱼台

两宋之际，单州鱼台一带在宋、金之间几次易手，最终纳入金朝的统治区域。

北宋末年，金入侵北宋，围汴京，掳徽、钦二帝。靖康元年（1126年）底，汴京围城的危急关头，宋钦宗遣人拜赵构为兵马大元帅，命其起兵入卫。赵构开大元帅府于相州，进趋大名，畏于金军威势，乃退至东平、济州，勤王之兵大起，"元帅府官军及群盗来归者凡八万人"，自黄河以南，分地而屯，其中单州屯兵六千人。靖康二年（1127年）五月，赵构在应天府称帝，改元建炎，是为宋高宗。

宋高宗即位初，韩世忠曾受命征讨单州鱼台一带溃兵。韩世忠，字良臣，延安府绥德人，南宋中兴名将之一。韩世忠早年从军，在北宋后期抵御西夏、金及内地平叛战争中功勋卓著，高宗即位后授予其光州观察使、御营使司左军统制等官职。宋徽宗宣和末年以来，朝廷政治腐败，群盗蜂起。靖康之变前后，响应号召的勤王之兵，在被金军打败后往往溃而为盗。面对这些流散的武装力量，宋朝一方面采取招安政策，将之吸纳改编为正规军队；另一方面则遣将镇压，以儆效尤。建炎元年（1127年）七月左右，朝廷命王渊、张俊、刘光世、韩世忠分别进讨陈州、黎驿及单州鱼台一带的叛兵。韩世忠镇压鱼台一带叛乱，又帮助刘光世击败黎驿叛兵，立有功勋。

1127年底，金军南下，大举进攻京东路、京西路、陕西路。黄河以南、淮河以北地区，全面陷入战乱。自金军入侵后，至次年京东、京西两路完全失陷，金人偏师遂得以长驱而南，驱宋高宗入海。金取京东，在攻陷诸路中约可算最为顺利，自1127年底入侵，逾年而得其全境。若就单州论，金朝对此州的争夺则历经一番波折。1127年五月，金将挞懒徇地山东，迪虎下单州，广信军降。但直到1129年正月，"山东诸州，惟济、单、兴仁、广济等州，以水阻得存"，直到九月方为金朝所攻取。

天会八年（1130年），金朝扶植刘豫，建立伪齐政权，赐予山东、河南、陕西之地，鱼台归属伪齐。南宋朝廷在接连失地后保住淮南不失，与伪齐政权互有攻伐并取得优势。1134年至1135年，伪齐政权派兵倾力南侵，致使南宋北伐，接连收复失地。金朝见此，遂于1137年废伪齐政权，置汴京行台统辖其地；南宋亦转而全力自守，与金求和，两朝和议曾一度提上日程。1137年十一月，王伦带回"金许还梓宫及皇太后，又许还河南诸州、军"的消息。1138年十二月，金使来宋，同意割还河南、陕西故地，1139年正月开始交割。"金人退还河南地。金人以东、西、南三京，寿春府，宿、亳、单、曹州及陕西、京西地归于有司。"（《三朝北盟会编》）

然而，金朝形势大变，挞懒被杀，兀术主政，对南宋采取强硬政策，力主夺回割让之地，于1140年五月再度入侵河南、陕西，被退还的州县又纷纷陷落。南宋的反击措施卓有成效，当年六月，刘琦在顺昌城下大败金军，岳飞率军接连克复蔡州、颍昌府、陈州、郑州，大胜于郾城。南宋军中、西两路均取得不小进展，唯东路无大举动，双方对峙于淮河两岸。总之，从金朝"叛盟"到宋金和议，南宋与金之间战事不断，1141年底，南宋与金绍兴和议，双方以淮河与大散关为界，其北属金，其南属宋。其区域范围大致维持到金末而少有变动。这一时期，单州鱼台在伪齐、金、宋之间反复易手，最终被金朝占据。

竞逐称雄：金元之际华北一带的诸方势力

13世纪蒙古族在成吉思汗的带领下攻入中原，改变了宋、金两朝百年对峙之局，宋、金、蒙逐鹿中原，原有的政治秩序亦随之瓦解。民众为求自保或别有意图，趁势而起，成立一个个武装集团，成为宋、金、蒙三方拉拢的对象。在各自不同的机缘与选择下，这些武装集团成为南宋抗金义军、金朝义军，以及蒙古汉人世侯，对当时的局势变化产生了重要影响。

从1209年开始，蒙古军队连年南侵，山东"群盗蜂起"。因为这些武装成员多"衣红衲袄以相识"，金政权诋之为"红袄贼"，今人称"红袄军"。金末，红袄军大体可分两系：一是从益都起兵，主要在鲁中、鲁东的平原、丘陵地区活动的杨安儿系；二是从泰安起兵，主要在鲁西南山区活动的刘二祖系。刘二祖起兵晚于杨安儿，于1215年被擒。此后，鲁西南地区动乱又起，第一次是金贞祐四年（1216年）郝定起兵，延及泰安、滕、兖、单诸州，及莱芜、新泰等十余县。第二次是兴定元年（1217年）在济南、兖、滕等州发生的大规模叛乱，侯挚派完颜霆率兵讨平。郝定是兖州泗水县人，其建国号"大汉"，"遣人北构南连皆成约，行将跨河为乱"，活动区域为刘二祖的起兵地。郝定于贞祐四年二月至四月占据单州，至五月，金徐州行院仆散安贞遣兵讨郝定，连战皆克。郝定仅以身免，后被金将完颜阿邻擒获，诛于京师。单州又掌控在金朝治下。

金朝末年，在扑灭地方反叛力量与抵御蒙古入侵方面，"义军"武装成为金朝的重要倚恃对象。金朝与蒙古战争开始后，金朝原有军事体系趋于崩溃，朝廷官员或地方豪强就此组织民众抗击蒙古军队入侵，形成大小不等的武装集团。完颜仲元的"花帽军"和完颜阿邻的"黄鹤袖军"就是在贞祐二年（1214年）蒙古围攻中都时组织招募的武装，二人原姓郭氏，后因功赐姓完颜。蒙古退兵后，"花帽军""黄鹤袖军"都曾被调往山东镇压红袄军起义。完颜仲元在贞祐四年（1216年）、兴定元年至三年（1217—1219年）任单州经略使，且于任内"集乡义军万余人"，其部亦驻扎于此。"黄鹤袖军"部分人马一度驻扎在鱼台一带，但"桀骜不法"，军纪颇差。此后迁徙亳州的镇安军，即由招降自"红袄余党"的单州兵组成。

面对内外不利形势，金朝反而屡兴伐宋之师。南宋亦利用金朝内乱，吸纳、支持抗金武装。当金宣宗两次举兵南伐之际，李全（杨安儿余部）所率领的红袄军在南宋支持下席卷山东东路一带。蒙古军亦由中都、河北南下，攻掠大名府路及山东西路之境。自1217年，成吉思汗即将经营中原之事，托付给木华黎。木华黎实力虽弱，然挟蒙古军贞祐南下之威，以美官高爵、裂地分封相诱，不断收编因战乱催生的中原地区的各种地方武装。1220年，东平地方武装头目严实，率所辖彰德、大名、磁、洺等州三十万户投降蒙古，被拜为行台尚书。严实，字武叔，长清人，金末从军，以功授长清尉。李全等攻下益都后，严实因受长官猜忌投宋，在太行以东颇有声势。1220年救援被金军围攻的彰德时，鉴于宋军派系林立不可倚恃，严实乃以所统州县降于木华黎。1221年四月，在经蒙古军和严实长期围攻后，金将蒙古纲以粮尽弃守东平，退保邳州；同年，单州招抚使刘琼或也因同样原因弃州而去。严实遂得以进据东平，且夺取单州。六月，忠义军首领石珪率部归蒙，被授予济、兖、单三州总管。石珪是新泰人，金贞祐年间参加红袄军起义（刘二祖系），后降宋，因李全排挤投蒙古。1223年七月，石珪领兵破曹州，粮尽无援，被金军擒杀，辖地由其子石天禄统领。

金兴定末年至正大初年，金、蒙古、宋三方势力于济南、东平一线相遇。实力最弱的金方在其南，苦守徐州、邳州一隅，西倚河南，艰难生存。宋朝的势力增大，李全稳据山东东路的同时，其他义军又攻占济南。其中彭义斌部继续向西推进，于正大元年至二年（1224—1225年），先后克定大名、东平，迅速穿越河北南部，直插真定城。彭义斌原为鲁西南的红袄军，起事失败后归宋。至于蒙古军，正大元年在河北、山东之形势本甚乐观。自中都直至东平，皆由蒙古附属武装占据。然而东平一带，被彭义斌部占据，严实也于正大二年四月被迫降宋。但在关系到山东西部与河北归属的真定城一战中，彭义斌败亡，严实在此战中倒戈。至正大三年（1226年），大名府路至山东西路之地皆为蒙古军所平定。蒙古军进而于益都围攻李全，次年逼降之。宋、蒙古两方在河北、山东相向推进的成果，为蒙古军独占。窝阔台六年（1234年），金亡；八年（1236年），石天禄卒，蒙古政权在中原实行"画境之制"，"沿金旧制画界"，原石珪、石天禄父子所辖济、兖、单等州归属严实麾下。

蒙古灭金后，留在中原的武装集团多数成为蒙古汉人世侯，是蒙古统治中原的代理人。元朝建立后不久，李全之子李璮起事反抗忽必烈，李璮失败后忽必烈以此为由，削夺世侯之权，中原遂由元朝直接控制。与此同时，东平之地也被剖分，济宁路及其辖下的济州鱼台在转入元朝中央管辖的同时，也名副其实地成为弘吉剌部长按赤那颜等的"分邑"，汉人世侯的时代就此成为往日云烟。

明清时期的鱼台

　　明清时期属帝制晚期，专制主义中央集权制度得到高度发展，早期近代化的历程已悄然启动。明清两朝定鼎幽燕，河务漕运遂为重中之重。漕运在保障王朝政治运作和控扼南北要津的同时，其对鲁西南地方产生重要影响。帝制国家以维系其核心政治稳定为首要治理逻辑，明清时期鱼台既得益于漕运所带来的商贸繁荣，又深受黄河、运河治理政策的负面影响。县域内形成了广阔的湖沼水域，亦饱受水涝灾害之苦，成为"被牺牲的局部"。社会文化方面，明清时期，国家通过制度性或礼俗性的建设，使得儒学教化下渗到乡里基层社会，民间信仰体系也在多方互动之下发展出新的样态。

明清时期鱼台的沿革变迁

　　明王朝崛起江淮，而后成其一统，至于末世，内外交困，遂为清取代。明清制度前后相袭，又有发展变更。明初在承袭元制的基础上于区划建置多所更定，逐步建立起省（布政使司）、府、州、县等不同行政层级，不过县或直隶于府，州或直隶于省，是以行政架构三级、四级皆有之。清代则基本形成省—府（直隶州）—县（州、厅）三

明三足鼎形题铭梁公砚　　　　　　明老子坐像木雕

级制。自明中后期至清前期，道制逐渐完善，州县级以下又设有里甲、保甲。

　　元代鱼台属济宁路之济州，总隶中书省；至明代，直属兖州府，隶山东行省。山东在元代隶中书省，洪武元年（1368年）四月，置山东等处行中书省；九年，改为山东承宣布政使司，治所自益都移至济南。除洪武初年暂隶徐州外，明清鱼台县归属山东行省稳定不变。

　　明初鱼台县曾改属徐州。朱元璋吴元年（1367年），鱼台直属济宁府；洪武元年，改属徐州；二年七月戊戌"徐州之鱼台县隶济宁"，直属济宁府；十八年起，直属兖州府。徐州于元代为归德府属州，洪武元年改属开封府，四年改属中都临濠府，十四年直隶京师（南京）。

　　明代兖州府是洪武十八年（1385年）封鲁王于兖州后改济宁府所置。济宁府前身为元济宁路，吴元年改济宁路为济宁府，洪武初年又陆续划入曹州、东平路一部分和益都路东南部，经过一系列复杂的州县调整，逐渐形成明初之济宁府。到洪武十七年，济宁府有12直辖县、2州、9州辖县。鱼台县为济宁府直辖县。洪武十八年，封鲁王于兖州，治在今济宁市兖州区，兖州升州为府，济宁府改为府下属州。到明末，兖州府有11直辖县、4州、12州属县。鱼台为兖州府直辖县。

顺治元年，沿明制，兖州领四州二十三县。鱼台仍为兖州府直辖县，至乾隆四十一年（1776年）改属济宁直隶州。济宁直隶州，初为兖州府济宁州，治所即今山东省济宁市，领嘉祥、巨野、郓城三县。雍正二年（1724年）九月，济宁升直隶州，仍领嘉祥、巨野、郓城三县；七年十二月，降为州，与郓城县属兖州府，嘉祥、巨野二县属曹州直隶州；乾隆四十一年，复升为直隶州，以兖州府汶上、鱼台、嘉祥三县来属；乾隆四十五年（1780年）五月，割汶上县归兖州府，兖州府金乡县来属。

明清鱼台的县域与县治。据光绪《鱼台县志》记载，明清鱼台的县域面积"东一百里至兖州府滕县界，西六里至金乡县界，南至江南之徐州府丰县界，北五十里至济宁州界"。可见，当时的鱼台县域之广。自唐元和四年（809年），县治从方与古城（今鱼台县张黄镇古城集村）迁至黄台市（今鱼台县王庙镇旧城）后，历五代、宋、金、元不变。明清时期鱼台县城几次修缮，嘉靖初年苦于水患，朝廷曾一度动议迁县城于凤凰山脚下，并筑有新城（今滕州市滨湖镇），其事终无果。至清乾隆二十一年（1756年），"河决城坏"，乃迁县城于县西南之董家店（今鱼台县鱼城镇），并于1757年开始修建，县城治所历清、民国不变。

新建城垣记碑（1758年）拓图

县以下之建置。为加强对基层社会的控制，明初，朝廷建立黄册里甲制度，"以一百十户为一里，推丁粮多者十户为长，余百户为十甲，甲凡十人"，即建立以户为单位、人口与财产相结合的户籍管理体系，意在帮助政府征收钱粮徭役。明代中后期，改革赋役制度，里甲制渐坏，而为加强治安与控制，另设有保甲；清代承袭明制并强化之，在制度层面普遍推广。因明初朝廷实行黄册里甲之制，县以下之区划亦分作若干里，到明代中后期，里或径称社、屯、隅、集等。里径称社居多，这应与明初在里甲制基础上规定的里社祭祀有关。及里甲制坏，乡村以社祭为纽带联结，遂多称社。

鱼台县下区划兼有社、屯，这应与明初移民政策有关。万历元年《兖州府志》卷十六"鱼台县沿革"载，洪武初年，朝廷以鱼台地多闲旷，迁登莱之民于此，以屯处之，本土之民则以社为联结。兖州府一带于元末遭破坏较轻，反以靖难兵乱被破坏为甚，燕王朱棣的军队即曾在鱼台县谷亭焚毁朝廷军队的粮草，府志为本朝讳，故记其事为洪武时。

县以下之乡在里甲之上，作为地区划分而未建立起行政组织。万历元年《兖州府志·乡社考》称"君子分乡列社，各以类聚"，其所载州县中，滋阳、曲阜、宁阳、邹县、滕县、峄县、单县，皆以乡统辖社、屯、隅，泗水、鱼台、成武、曹州、曹县不载乡。万历二十四年《兖州府志》记载，金乡县，社亦统属于乡。明代鱼台编有二十四社，后增至二十七，又分十八社与九屯；清初减至十五社。康熙年间，又以王庙镇旧城为中心，以八卦所指方位定名，划分里社为八方，每方含村集若干；乾隆年间，改以"孝悌忠信仁义礼智"命名各方，所辖村集的名称数量有变。

漕运与鱼台的水域变迁

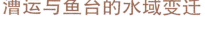

鱼台当菏水、泗水之交，早为水路交通要道。随着元明清京杭大运河的开凿，鱼台在作为漕运要津而得兴盛繁荣的同时，也深受运河维护所致水涝灾害之苦。因黄河决徙与运河维系，所以在鱼台县东部形成广阔的湖区，这深刻改变了鱼台地区的水域乃至社会面貌。

春秋以来，菏水联通济水、泗水，使得鱼台地区成为水上交通要道。魏晋南北朝时期，济水水系已有逐渐淤废之势。桓温北伐，本欲取道菏水、济水，时巨野泽以西黄河南之济水已难通航，乃自鱼台菏水凿渠北入巨野泽，是为"桓公沟"。武则天时曾企图恢复古代济水的漕运，在开封县北开凿湛渠，分汴水注白沟（疑即古济水故道），以通曹兖租赋，但不久即告淤废，直到五代末开五丈河，才重新恢复古济水故道。

北宋形成以东京开封府为中心的水运交通网，鱼台为漕运要地自宋始。隋代大开运河，形成贯通南北的大动脉，唐代仍之。隋唐运河之通济渠，经汴河入淮，是时鱼台之水路交通仍以泗水为主。五代后周时，朝廷在疏浚汴河河道的同时，又在济水故道上开凿五丈河。河道自开封城西分汴水东北流，经东明、定陶，至巨野西北注入梁山泊，出梁山泊沿北清河"以通青、郓之漕"。北宋建隆二年（961年），朝廷浚五丈河以通东方之漕，又因其以汴河为源，泥沙淤积，不利行舟，遂自荥阳县境内凿渠引京、索二水，东流过中牟县，凡百余里，名金水河，汇入五丈河。乾德元年（963年），政府疏浚菏水，与五丈河相

明嘉靖年间"胡明贤墓志铭"（现存县博物馆）

　　墓志铭记载明代中期一胡姓人家在谷亭东八里湾闸经商，仅历一代人就从普通家庭发展为一方巨富："家道勃兴。扩隘室而广厦千间，有楼台、有廊庑，而逶迤墙壁周回数里；辟草藊而良田万亩"，以至"江以南淮以北顺漕流而仕舶商舶，有经吾家居过者，莫不延访而宾礼之，其理来有委慎授节之意焉"。可见，漕运给谷亭一带的百姓带来多大的商业利润。

连，于定陶置发运务，寻改为转运司。开宝六年（973年），五丈河改名广济河。于是，自泗水联通菏水进而由五丈河以达汴京的水运网络得以建立起来，鱼台因而有"菏河归帆"之盛景。《宋史·河渠志》载，汴都"惠民、金水、五丈、汴水等四渠，派引脉分，咸会天邑，舳舻相接，赡给公私，所以无匮乏"。

金建中都于北京，漕粮主要征自河北、山东，水运借用前代御河，并开海运，水陆并行北运漕粮。金贞祐三年（1215年），金以北宋故都开封为南京，试图重建以汴梁为中心的水路。金代漕运要道一为汴河水道，二为南清河（泗水），南清河沟通黄河与御河南段，地位相当重要。是时，金与南宋以淮河为界，屯军淮北，山东漕粮由泗水南下，至沛县、徐州一带转黄河，又经汴河而达淮河。鱼台处泗水沿线，其漕运地位仍然重要。

元明清三代定都北京，京杭运河漕运为国之要事，鱼台处在运河沿线，其地位日渐凸显。元世祖忽必烈于1264年定都燕京（后称大都，即今北京），为运粮之便，对前代运河进行裁弯取直，于山东开凿济州河、会通河，北连御河、通惠河至大都，南连泗水，通黄河、淮河以至江南。但因山东段运河水源不足，加之河道初开，水浅岸狭，漕运效果不佳，故元代主要依靠海运从江南运漕粮至大都。元末明初，运河河道淤废。永乐迁都北京，最初实行海陆兼运制度。永乐九年（1411年），明成祖命工部尚书宋礼等人赴山东疏浚会通河[①]。宋礼采纳汶上老人白英的建议，筑坝东平，使汶水在南旺南北分流，并

---

① 明代把徐州至临清间的泗水运道、汶泗运道、济州河、会通河等统称为会通河。

设置水柜，建闸坝、斗门等，成功解决大运河山东段水源不足问题。永乐十三年（1415年），会通河竣工，南北运道畅通，明朝遂罢海运和陆运，专事漕运。自正德年间始，黄河不断在徐州、沛县一带决口，冲击山东运河南段河道。为摆脱黄河对运河航道的影响，嘉靖七年（1528年），盛应期在昭阳湖东开凿新河，但工程半途而废。是后，嘉靖十三年、四十四年，黄河两次决口，皆致使运河淤塞，运道阻绝。嘉靖四十五年（1566年）春，朱衡与潘季驯总理河道，重开盛应期所开新河，自鱼台县南阳镇至沛县留城镇连接旧运河，全长70公里。隆庆元年（1567年）五月，新河成，称南阳新河。

京杭大运河的开通促进了沿线城市商贸经济的繁荣，大者如济宁、临清，小者如一些沿线城镇等。鱼台县谷亭镇（今为谷亭街道）与南阳镇（今属微山县），曾先后成为运河沿线较繁荣的城镇之一。谷亭，位于昭阳湖西岸，北距南阳镇10公里，现为鱼台县治。谷亭，原名谷庭城，为菏水、泗水之交汇处。元代京杭大运河开通，漕船由淮河溯泗水，经此北上。明永乐年间重开会通河，运道更为畅通，谷亭为南北交通要津，始称谷亭镇。明代中期以前，谷亭镇商贸兴盛，"贾人陈椽其中，鬻曲蘖（酒曲）岁以千万"（万历二十四年《兖州府志》）。嘉靖年间，黄河淤塞运道，京杭大运河改道昭阳湖东，鱼台县境内"南阳—谷亭—老砦—湖陵"航道淤废。谷亭镇"市里为墟，邑鲜居积"，失去昔日的繁荣。南阳镇，南北距谷亭镇、鲁桥均10公里，距济宁30余公里，位于南阳、昭阳、独山三湖交界的运道处。北宋时即有南阳乡（有南阳乡碑出土），元代建南阳闸于泗水河道。隆庆元年（1567年）新河开通，南阳成为运河沿线的重要码头，商业繁荣，遂成市镇。

渐渐地，古镇环境演变为四面环水，故又称南阳岛。清代建有马公桥与鱼台陆路相连，因湖涨水扩，有"长桥卧波"之景致。

被废置的鱼台段大运河故道之后成为区域性排涝河道，除个别河段被其他河道借用得以保留外，至清中后期大部分完全淤没，但至今尚有众多相关遗迹可见可考。废运河故道在今鱼台县内的走向：从鱼台西支河入湖口开始，南经滨湖街道玉皇庙村至临河村，折向东南，经谷亭街道运南（北）村、双韩村，至八里湾村向东北折向三女树村，再南折至胡集村东，又东南行经老砦镇白塔寺遗址北，至程子庙村（湖陵故城所在，原属鱼台县，现归微山县，在鱼台县、微山县、沛县之交）进入沛县界。其中，滨湖街道临河村至湖口段西支河航道长 5.8 公里，仍在存续通航，有谷亭闸、月河、"谷亭晚渡"旧址（"鱼台十景"之一），并有相关碑刻遗存。笔者另发现四通元至清代纪事碑刻，分别记载与泗水、运河相关的庙观、桥梁修建等事，是研究大运河相关历史文化的珍品。

滨湖街道临河村至谷亭街道宋桥村运河故道，胡集村至三女树村段运河故道仍然存续，分别长 1.4 公里和约 2 公里，但不通航。前者沿线施工时发现新石器时代文化遗址及商周至汉代文化遗存，并出土若干汉代画像石和多方历史名砚"梁公砚"。这一带旧有泥母亭（春秋时宁母会盟所在）、崇德书院、棠浒书院、文昌阁、石婆婆庙（现存金崇庆年间石人像，由当时善男信女共同出资雕刻）、玄帝庙、东岳庙等，另有不少相关老运河的歌谣、民间传说故事及民风民俗记忆，这些已由县文史委整理成书。后者现为地域性排洪河道，沿线有铜质圆柱形水文尺，出土有明代胡氏家族墓葬三座、康熙年间重修三皇庙纪事碑等。其余的运河故道则淤没消失，沿线出土有北宋墓葬群、大运河故道界桩（民国时立，现存鱼台县博物馆）等。

此外，自元代开通运河以后，山东段河道就饱受到水源匮乏、黄河泛溢等因素影响。为控制水量，元明清时期，朝廷先后设置水闸百余座，拦水截流、连通河湖、调节水位，以通漕、商。现位于鱼台县境的运河水闸有三处：谷亭闸、八里湾闸、孟阳泊闸。谷亭闸遗址在今鱼台县孝贤广场东面西支河中，因后世河渠施工无存，附近旧有碧霞元君庙（今重修，称"显教寺"）。其他两处，皆因快速淤埋，闸口被相对完整地封存于地下。八里湾闸，遗址在今谷亭街道八里湾村，闸口所立石柱仍存原处，附近立有明嘉靖年间申明乡约以敦风化事碑和天齐庙碑。孟阳泊闸，在今老砦镇许楼村北数百米地下，村民挖渠施工时发现诸多原闸口石料。

在黄河变迁与运河维系双重作用下，鱼台东部形成广阔的湖泊水域，南四湖中南阳湖、独山湖之大部及昭阳湖之部分旧属鱼台。南四湖湖区原为泗河沿线的一片低洼地带，元代开挖大运河后，泗河成为运河河道。明永乐九年（1411年），工部尚书宋礼重开会通河，设南旺、安山、马场、昭阳四大水柜济运，昭阳湖迅速扩大。自金元两朝至明嘉靖后期，黄河下游河道分成数股汇淮河入海；嘉靖以后，"全河尽出徐、邳，夺泗入淮"，黄河大部分时间保持在如今废黄河一线；直到清咸丰五年（1855年），黄河在河南兰阳铜瓦厢决口，夺大清河入海。元代至明嘉靖年间，黄河决口频繁。明代前期，黄河决溢地点在开封周围，经过弘治年间大规模治理，黄河险段由开封上下移动至黄陵冈。曹、单一带，特别是曹县境内，金乡、鱼台等境内的运河不

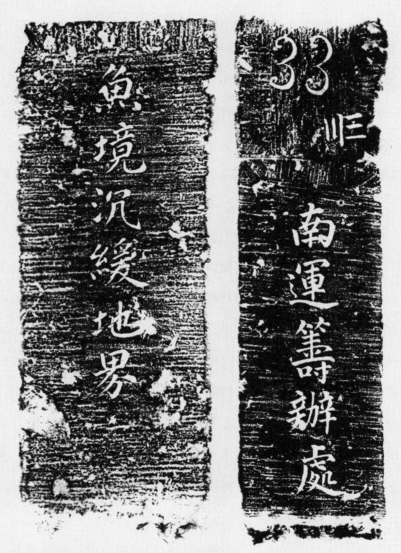

谷亭街道双韩村段枣曹公路路南出土的民国时期所立大运河故道界桩（刻立时间在1915年至1923年之间）

断受到黄河冲决的影响。康熙年间，该地区河患稍减，但到乾隆以后，河患依然严重。从嘉庆元年（1796年）至咸丰初年，黄河决口地点集中在曹、丰、沛一带，之后又向上游河南境内移动。

黄河对湖区的形成主要有三个方面的影响，一是黄河决口，洪水直接灌入湖区。嘉靖五年（1526年）黄河溃决，河水灌入昭阳湖，湖面进一步扩大。到嘉靖四十五年（1566年）朱衡开凿南阳新河时，昭阳湖北面已接近鱼台县的谷亭镇，与孟阳泊汇合。万历三十一年（1603年），黄河决口于单县苏家庄及曹县，灌昭阳湖，入夏镇，横冲运道，"鱼台一县，沦为水国"。乾隆中期，黄河决口于苏鲁交界的孙家集，漫延微山湖，济宁、鱼台等处"洼地秋禾被淹"。

二是黄河河道淤高加之筑堤防溃，使得部分河水、湖水无法下泄入河，转汇入湖。明中叶，朝廷将筑堤视为治河的一项重要措施。自郑州至海口，朝廷组织修建千里黄河大堤，黄河河道得以固定，河床因泥沙淤积逐年升高，使得鲁西南牛头、赵王、洸水、南清、大沙等河不能汇入黄河，只能泄入南四湖，再经韩庄运河、伊家河排出。咸丰五年（1855年）后，黄河改道于大清河，后河底垫高，入海之路不畅，堤防不断加高。另外，因漕运罢废，南旺、蜀山诸湖淤缩，使得汶河多余的水经赵王河、牛头河排入南阳、昭阳、微山诸湖，旁溢于两岸，济宁、鱼台深受其害。

三是国家施行以保证漕运为核心利益的治理黄河、运河政策。明清治河以保漕为首要目的，最初借黄河行运，致淤塞水涝。元明时期，徐州以下朝廷借黄河行漕运，河道淤高，泗水下泄不畅，滞留湖区。又如嘉靖末引黄济运，致牛头河下游淤积严重，南阳湖雏形初步形成。

漕运繁荣

后来朝廷避黄河改运，修筑堤防，开挖新河道，利用沿线湖泊充当"水柜"或"水壑"，调节运河水量。例如嘉靖末年，南阳新河开凿，新河以东滕县、鱼台等地山泉水被阻隔，逐渐潴水成湖，因最初聚于独山脚下，故称独山湖，清初周长达到近200里。而运河东部的昭阳湖成为黄河决口后河水的漫入之地，湖面扩张；南阳湖则成为山泉水的"潴蓄之地"。到乾隆年间，南旺、南阳、昭阳湖失去了水柜作用，"仅堪泄水"。此外，邻近州县的导河筑坝活动，也加剧了诸湖水位抬高与湖面扩展。[①]

在特定的水域环境下，鲁西南地区逢黄河、运河并涨，河湖满溢，洪水泛滥，致使明清以来至新中国成立前，今黄河以南、淤黄河以北，

---

① 关于南四湖的形成，笔者多据李德楠、胡克诚《从良田到泽薮：南四湖"沉粮地"的历史考察》，《中国历史地理论丛》2014年第4期。

运河以西的三角地带，水旱无常，盐碱、沙荒、涝洼遍地，有的地方寸草不生，生态环境极为恶劣，农民生活极端贫困。另外，为保障运河水源，明清时期，国家将鲁西地区的河流、泉源全部囊括入运，至"涓滴之流，民不敢私焉"，农业发展因缺乏灌溉受到很大影响。凤凰山麓伏羲庙（今微山县两城镇，旧属鱼台）后之泉水边即立有明清石碑，对阻碍运河水源者给以严厉警示，甚至到民国年间，鲁西地区的民众长期不知泉、河"灌溉之利"。帝制国家以牺牲地方局部利益而稳固其核心统治的治理逻辑，亦由此可见焉！

帝制晚期的儒学下移与民间文化生态

与专制主义中央集权制度的发展相伴随，明清时期儒学教化网络的广阔和严密程度大大超过前代，儒学所倡导的社会理想和伦理道德规范在基层社会得到广泛渗透，官方与民间，社会与个人，文化与生活，精英与民众之间的对话与互动复杂地交集在一起，构成一幅色彩斑斓的社会历史画卷。明清时期，儒学教化向基层社会渗透主要表现在三个方面：一是以儒学为准则的学校教育与人才选拔机制的繁荣发展，二是地方控制层面乡里及宗族伦理秩序的建设，三是国家力量主导下的地方社会信仰体系的重塑。

较之前代，明清时期的科举制度与学校教育得到大发展。明朝初年，除中央国子监外，地方亦普遍设置府、州、县等不同层级的学校，并颁发"四书五经"作为教材。鱼台的县学创建于元大定年间，元末被毁，明初重建，明清两代多次增修。学校教育延伸到基层社会，里社建有社学。明朝初年，在朱元璋的强势推动下，社学得到大规模设置，因弊病颇多而中衰，其后盛衰不定。万历元年《兖州府志》载，明前期鱼台县二十四社屯，曾各有社学一处，后俱废。康熙《鱼台县志》引万历间碑记，称鱼台有西社学，及谷亭镇北有小书院可作社学。明中后期及清代，书院教育得到发展。明嘉靖年间，杨抚在鱼台县谷亭镇建棠浒书院和崇德书院；清代，鱼台县又建有马公书院、饶公书院和湖陵书院。较之高层的举人进士，处在科举制末端的县学生员与贡监生群体则要庞大得多，作为士绅群体之组成部分，进而对地方事务的处理及地方社会的运作产生深远影响。

除以吏为师的政府教化外，明清王朝充分利用家庭、家族和其他社会组织，以补充国家权力的局限和空白，并借此开展教化。明朝时，政府在里甲之外又设置有里老，在各地建立旌善亭、申明亭，并恢复传统的乡饮酒礼。里老（又名"耆老"）以教化为主要职能，一般由年高德劭、知情达理的当地人担任，负责理断民讼、仲裁是非、引导风俗、劝民为善等。设置申明亭、旌善亭，是明朝"民自为教"的重要措施。民为善者，在旌善亭张榜表彰其善，为恶犯罪者，则在申明亭张榜公布其恶，申明道义，以惩恶扬善。万历元年《兖州府志》记载，申明亭、旌善亭除设在县城附近外，鱼台县下各社屯皆有之。

乡饮酒礼是中国传统的民间教化活动，也是国家权力和传统等级制度在基层的重要体现。明朝将元代"岁时燕会，敦叙长幼之节"的乡饮酒礼与"习礼读律，期于申明朝廷之法"的教化功能结合，其具体实行以里为基本单位。但到明中后期，里老、申明亭、旌善亭、乡饮酒礼等制度皆趋于崩坏，乡约、家训等则得到广泛发展，清代承之。

乡约，意为乡里公约，是中国古代农村基层的一种社会治理方式。宋代《吕氏乡约》中包含"德业相劝，过失相规，礼俗相交，患难相恤"等条目，这说明乡约意在借助血缘、地缘关系，以道德教化手段化解地方社会的矛盾冲突。明代以后，国家参与乡约的制定和推行，乡约渐渐在全国范围内实施。随着国家法律日趋健全，明清时期的乡约与家规更多是在重申国法。乡约的运作，则需要依赖官员与地方士绅协作。鱼台县出土的嘉靖年间苗村屯申明乡约碑，其定约即是在地方官员监督之下，又于本里之内推选"约正"及副手，内容则关乎社祭、乡饮酒、社学、社仓及劝善惩恶等。

以国家力量规范民间信仰体系，进而推行教化，重建等级伦理秩序，在明初表现得最为显著。明朝初年的礼制改革，从制度层面规定了自中央到地方的信仰与祭祀体系，其中有两个显著特征：一是为推崇

鱼台孔庙大殿

儒学而大力推行先圣先贤祭祀活动，二是在乡里基层社会普及社祭、厉祭。对孔子及其弟子的崇祀早已有之，唐太宗即曾令州、县建孔子庙。明朝初年，地方府、州、县学成体系建设，将对先圣先贤的崇祀制度推广到各州县。鱼台县也不例外，修建了包括大成殿、东西两庑、启圣祠、明伦堂在内的文庙建筑群以及一套流程繁琐的释奠礼，配合学校制度与科举取士，将儒学信仰更有力且持久地推及地方社会。儒学的独尊地位得到国家保障，明正统三年（1438年），朝廷下令禁止在佛道教寺庙祭祀孔子。地方府、州、县各级的官方祭祀体系，多依据古代礼制规定，但进行了折中，包括社稷坛、风云雷雨山川坛、城隍庙、八蜡庙、厉祭坛、马祖庙等。明初，朝廷下令在县以下建里社坛、乡厉坛，以里为单位，立坛祭祀五谷五土之神和"无祀鬼神"，命里老以一羊一猪于春、秋两季的仲月致祭，每年派一户轮值充任会首。据万历元年《兖州府志》，鱼台县治附近建有县社稷坛和邑厉坛（简称"两坛"），县下各里共建有二十七所乡厉坛，里社坛失载，就府志所载邻近县情况可推见之。社祭源自对土地及其产物的崇拜，厉祭则来自对横死者灵魂作祟的恐惧。社祭、厉祭完毕，村民皆要举行乡饮酒礼、宣读锄强扶弱之誓等仪式，鱼台苗村屯申明乡约碑亦提及。这使得社祭、厉祭超越其本意，意在打造遵守礼法、守望相助的道义共同体，里甲与里社配套而行，如同"政教合一"。两坛之设置与毁改本地"淫祠寺观"往往同步，因此社祭、厉祭向下延伸，承担中央权力掌控地方社会、推行乡村教化的重要职能，在使得地方土著文化儒家化的同时，也将国家对儒家伦理的认同拓及更为广阔的乡土社会。明代中后期，两坛制度虽渐废弃，但因存续时间较长，其信仰与仪式之后仍以其他形式在乡村存在。

重修城隍庙记碑（1615年）拓图

明清时期，地方佛道教信仰依然兴盛，县一级设有僧会、道会两司管辖佛道教事务。明代中后期以至清代，民间信仰得到更大程度的发展，其中较能体现时代特色的是城隍信仰和关公信仰，而尤能体现鱼台地方特色的则数伏羲信仰。至隋唐时期，城隍神即具有了"冥官"身份（官僚化的神格），明初城隍神成为官方神道设教的重要工具。明清城隍神等级体系依照现世行政体系建立，城隍庙相应地主要建于都、省（首府）、府、州、县治，上级城隍庙通常以下级城隍神祔祀，表示上下统属关系，具有强烈的等级性。城隍祭祀程序逐渐规范化、制度化，与之相伴生的城隍庙会、民俗文化艺术展演使城隍信仰渐由官方向世俗化转变；地方社会民众的广泛参与，使城隍祭祀程式朝着地方化方向发展。关帝信仰形成于唐，至宋广为流播，历经元明清三代，备受推崇，深受民众信奉。明清时期，朝廷将关帝信仰纳入国家祀典，并推广至全国，关帝信仰逐渐达到顶峰。在朝廷政策、明代移民、文化传播、社会流动等因素影响之下，明清时期山东地区的关公庙经历了由少到多，再到"无处不焚香祭拜关帝"的过程。康熙《鱼台县志》记载，县内城隍庙与关帝庙除每岁常祭外，民间私祭"无常""甚盛不胜纪"。

伏羲为传说之古帝王，属上古东夷族群系统。中国伏羲信仰遍布各处，其中在鲁西南凫山一带，伏羲女娲传说流传甚广，且遗迹颇多。以凫山为中心，方圆不到30里内有三座规模较大的伏羲庙，分别位于滕州市大坞镇染山、微山县两城镇及邹城市郭里镇。此外，方志记载，如峄县金陵山庙祭祀女娲伏羲，嘉祥县坨山、鱼台县庙山、济宁州东，亦皆有伏羲庙。微山县两城镇明清属鱼台，《魏书·地理志》所载高平县伏羲庙及《元丰九域志》之单州伏羲冢，所指或是两城镇之伏羲庙及伏羲陵。两城镇伏羲庙在凫山山麓（明清府县志作"凫山"，今地方史志记载为"凤凰山"），又称"爷娘庙"，祀伏羲女娲，附近有伏羲冢、画卦山、画卦台。凫山"东接颛臾，峰峦奇秀，树木蔚葱，登高望之，翠色可嘉"（万历元年《兖州府志》），康熙《鱼台县志》称，伏羲庙"古树繁阴，墀际栢挺双干，皆数千年物，真古祠也"。传说伏羲、女娲是兄妹，后结为夫妇，诞育后世之人，是以俗称"人祖""爷娘"。农历三月三日庙会时节，民众前往伏羲庙祈求子嗣者甚多，旧志多以蒙昧批判之。

明清时期，民间秘密宗教活动频繁。明朝对民间宗教结社尤为重视。《大明律》"禁止师巫邪术"条载，"凡师巫假降邪神，书符咒水，扶鸾祷圣，自号端公、太保、师婆，及妄称弥勒佛、白莲社、明尊教、白云宗等会，一应左道乱正之术，或隐藏图像，烧香集众，夜聚晓散，佯修善事，煽惑人民"，要处绞刑或流刑。但明清两朝的教化措施和严密防范并没能扼制秘密宗教的发展，明末巨野县人徐鸿儒以白莲教聚结群众，发动起义，动乱波及鱼台；清末沛县人李书印以"三唐道教"起于县内凤凰山（今微山县两城镇），清军以五县之兵围剿之。凡此之类，不仅表明王朝晚期国家控制力量的削弱，也在某种程度上预示着帝制国家本身的末路。

近现代时期的鱼台

随着东西方社会的碰撞，帝制国家走向终结，鲁西南社会也真正启动了走向近代化的进程。民国时期，国家政局长期动荡，各派势力此消彼长，特别是抗日战争期间，国民党、共产党、日伪政权以及地方势力盘根错节，地方的政局和社会形势复杂多变。总而言之，在新与旧、动与乱的交织过渡之下，鱼台社会发生着变迁。

民国以来鱼台沿革变迁

民国以来的鱼台沿革，一是中层政区由道制转变为行政督察区或专区，但因各方力量的角逐出现几种区划建置并存的情况；二是县域本身的拆分、合并、改划和县治的变动，其高层政区曾一度改属平原省。县以下的治理形式既因政治近代化而有创新，又长期延用旧的保甲组织，呈现出新旧杂糅的面貌。

鱼台县之政区隶属。民国初，政府实行道制。后来，南京国民政府设置行政督察区，中国共产党在抗日根据地设立专区。民国元年（1912年）初，鱼台县属兖沂曹济道。1913年改属岱南道，1914年改属济宁道，道尹驻扎济宁，辖济宁、滋阳、金乡、嘉祥、鱼台等25县。

新时代的鱼台县城

1925年属兖济道。1928年废道，直隶于省。1936年，属国民党山东省第一行政督察区。1938年，属国民党山东省第十一行政督察区。1944年，国民政府对各区辖县进行调整，第十一行政督察区辖单县、金乡、鱼台3县。抗战胜利后，各区辖县又有调整，第一行政督察区辖滕县、峄县、邹县、滋阳、鱼台、泗水、曲阜县。

中共领导下的鱼台。抗日战争全面爆发前，鱼台地区就有中国共产党活动；抗日战争全面爆发后，1938年9月，中共鱼台县委建立，遵照上级指示大力发展党的基层组织，到年底，全县共建立党支部18个，党员发展到111人。1938年冬至1939年冬，八路军115师进入山东，粉碎日伪的"扫荡"，正式建立起了山东抗日根据地。山东抗日根据地以沂蒙山区为中心，包括鲁中、鲁南、胶东、泰（山）西、（微山）湖西等数小块根据地。1939年7月，鱼台县成立抗日民主政府，隶属中共苏鲁豫区党委湖边地委。1940年7月，鱼台县隶属新建的苏鲁豫区湖西专区。1942年12月，改属晋冀鲁豫边区第二十一专区。1943年夏，撤销鱼台县，分属于金济鱼抗日办事处和新组建的丰鱼县，仍属晋冀鲁豫边区第二十一专区。1944年9月，恢复鱼台县建制，鱼台县隶属冀鲁豫区第十一专区。1946年2月，改属冀鲁豫区第三专区。1949年8月，平原省成立，鱼台属平原省湖西专区。新中国成立后，1952年11月，平原省撤销，鱼台县改属山东省湖西专区。1953年7月，鱼台改属济宁专区。1956年3月，鱼台并入金乡县。1964年11月，恢复鱼台县建制，仍属济宁专区。1978年7月，济宁专区改为济宁地区。1983年10月，济宁地区撤销，原县级济宁市升为省辖地级市，鱼台县属之，至今不变。

县域与县治变迁。1941年3月，中共山东分局将鱼台县第六区（古村）和第五区的南阳一带划归湖东县委；1943年，鱼台县被撤销，北部隶属金济鱼抗日办事处，南部属新组建的丰鱼县，至1944年恢复建制。1946年1月，相里区、合集区（1943年自鱼台县划归金济鱼抗日办事处）由济宁县划归鱼台。1949年8月，将程子庙村（今湖陵村）及邻近大孙庄村、坝上村划归沛县（后又划归微山县）。1953年8月，为统一管理微山湖湖区，政府新设置微山县，鱼台县东北部的孟口、刘桥等81个村庄划归微山县管辖。1957年5月，嘉祥县新万福河以南的王台、李早、小王庄等14个自然村划入鱼台。1964年11月，金乡、鱼台合而又分，原属鱼台的金鱼店姜庄等11个村庄划归金乡县。此后鱼台县县域未变。自清乾隆年间将县治迁至鱼台西南之鱼城镇，至1956年未变；1964年鱼台县建制恢复，开始以谷亭为县城。

民国初年，县内成立自治会（议会），推选有名望的地方人士为议员，在名义上决议县内诸大事，实际上起到一定的建言、监督作用。原具有旧科举功名身份或担任过官职的居乡士绅们，因其传统威望和号召力，仍然是地方上举足轻重的政治力量，在地方事务中往往扮演重要角色。士绅中不少人担任县议员、保董（民团首领）等职务，颇具影响力。

北洋政府时期，鱼台县政府主事官员称县知事。另有县佐一职，为知事辅佐官，驻于湖东之古村（今滕州市滨湖镇），方便就近处理地方事务。县知事公署下设总务、财务、民政、司法等科和劝学所、警察所等机构。劝学所的职能为促进地方教育的发展，后改为教育局；县内设有9个学区，设有师范讲习所、高等小学、女子学校等。警察所负责治安，鱼台县内设3警区，分别位于鱼城镇旧县城、谷亭镇和南阳镇。晚清时，政府成立鱼台农桑支会，民国时改组为农会，后改组为劝业所，又改称实业局，主要职能由推动农业的改良发展为全盘规划指导县内经济发展。1928年8月，鱼台县知事公署改称鱼台县政府，县知事称县长。1929年县政府机构改组，下设民政、财政、建设、教育、军事、社会、总务等科（局）。之后，随着时代变化，县政府机构又有整合、增加及名称变化。

乡村基层组织的管理。民国初年，鱼台废止旧以"孝悌忠信仁义礼智"命名的8方建置，除县城自为1区外，其他区域设为7乡。办公地点称乡公所，置乡长、乡议员、队副（管理治安的乡丁首领）、乡丁及勤杂人员等。乡村实行保甲制度，乡以下设保、甲。百户为甲，若干甲为保，甲长和保长分掌辖区内诸多事务，负责仲裁纠纷、征壮丁、收赋税等。国民政府时期，县内行政区又数次重新划分，如1930年县内7个区下辖81乡8镇，乡名多以民生、自由等应新词命名；1933年，政府又以"和平奋斗救中国"7字分别命名7个区，乡镇则整合为37乡、3镇；1947年国民政府裁区、合乡、并保，鱼台县辖3镇、10乡，下辖163保。基层管理人员的数量、官称亦随之变化。民国时期，政府依靠保甲制度对农村基层进行管理，其架构、管理方式等没有改变。战乱年代，地方政府的各种施政措施多以备战为主，难以有计划地持续发展经济和改善民生。

民国时期各方力量的消长

民国时期，国家政局长期动荡，鱼台地域也随之乱象纷呈，各种社会势力充斥其间，形形色色的武装组织应运而生，影响着地方历史进程。特别是抗战期间，战事频发，国民党、共产党、日伪政权与地方势力盘根错节，地方的政局和社会形势复杂多变。

北洋政府统治后期，军阀割据，兵灾肆虐，地方民众生灵涂炭。1925年2月，奉系军阀张宗昌被任命为苏皖鲁三省剿匪总司令，率军驻扎徐州；4月，张宗昌从徐州率大队人马进入山东，出任山东省军务督办，后又自兼省长。由此，张宗昌掌权山东，直至1928年4月撤离济南。张宗昌任内横征暴敛，民不聊生，被称为"狗肉将军"。他在诸军阀中声名最劣，主政山东期间土匪作风不改，无建树可言。张宗昌挥霍无度，积聚大量私财，存入大连的日资银行。张宗昌部曾在鱼台县王庙一带大肆抢掠，地方自卫组织大刀会奋力抗阻，后张部包围北房村，屠杀未及逃散的老幼48人，将全村房屋付之一炬。1925年秋，军阀孙殿英率部流窜到山东济宁后，被张宗昌收编为直鲁联军第三十五师，后又扩编为第十四军。1926年11月，孙殿英部散居王庙、张集等34个村庄。半月内，孙殿英部即将所驻村吃光抢光，临行掳掠青年妇女数十人，把程庄寨、三教堂两村民房大部焚烧。

国民革命军取得二次北伐胜利，山东地区于1928年4月后转入南京国民政府治下。1928年春，蒋介石发动二次北伐；4月7日，蒋介石在徐州誓师北伐，下达总攻击令，各路战事同时发动，鱼台境内就曾发生激烈战事。是时，孙传芳残部主力占据鱼台。国民革命军第一集团军第三军团（贺耀祖为总指挥）于4月11日进至鱼台县境，12日攻占谷亭，孙部退守王庙一带进行抵抗。两军在王庙小乡村之大胡庄一线激战一天，双方死伤惨重，第三军团第四十军教导师师长龚宪（县志及简史误作"耿新"）阵亡。第三军团退守沛县，蒋介石急命石友三部驰援。双方再次激战，国民革命军攻占鱼台县城，又占领南阳，激战于相里集，最终占领鱼台全境。4月底，张宗昌率部逃往河北，北洋军阀在山东的统治结束。

七七事变后，日军南犯，主政山东的韩复榘为保存实力，采取不抵抗政策，虚与日军周旋，不战而退，连续放弃济南、泰安和济宁等地，省政府流亡。1938年5月16日，国民政府鱼台县县长率部弃城南逃，鱼台县城沦陷，驻扎单县的国民党军第七路军军长推举单县大地主朱启森任鱼台县县长。1939年2月，日军再次占领鱼台县城，朱启森县政府逃亡谷亭、南阳一带。7月，朱启森部被中共苏鲁豫支队四大队击溃，国民党鱼台县政府解体。1940年夏，国民党军占领鱼台第六区（湖东），建立鱼台县游击政府。1944年后，鱼台县游击政府时有时无。1946年4月，吴品山重组国民党鱼台县政府。1947年11月19日，华东野战军某部在鱼台县大队的配合下攻克鱼台县城，后逮捕、处决县长吴品山。此后，国民党山东省政府又4次委任鱼台县县长，组建鱼台县政府。至1948年8月，国民党鱼台县政府彻底垮台。

除各时期曾驻扎鱼台的政府军外，所属地方武装势力大体上可分为四类：县国民政府武装、中共武装、日伪武装、民间武装。

县国民政府武装有如下几支：1.鱼台县民团大队。始组建于1912年，1918年改称鱼台县警备队，1929年5月易名为鱼台县警察队。1931年，鱼台县复建民团大队，下辖7个区民团中队。1938年5月，日军侵入鱼台时，民团大队逃散。2.鱼台县常备队。1938年9月，国民党鱼台县成立游击政府，以单县土匪武装400余人为基础组建鱼台

鱼台县6名曾参加过抗日战争、抗美援朝战争的90多岁退伍老兵在党旗下合影（山东画报社供图）

常备队，1939年7月被八路军苏鲁豫支队第四大队歼灭。3.鱼台县自卫大队。1946年，国民党鱼台县县长吴品山纠集逃亡地主、兵痞等组建还乡团，同年9月改编为鱼台县自卫大队（俗称"保安团"），1947年11月被华东野战军某部歼灭。1946年8月至1948年初，国民党鱼台县政权又先后组建鱼台县自卫团、鱼台县警察中队、鱼台县自卫总队、鱼台县保安警察大队，兵力数百人不等，后分别被解放军歼灭或自行溃散。

中共武装包括：1.第五战区鱼台县抗日救国司令部和五乡联防抗日救国司令部。它们分别成立于1938年1月和1938年6月。1938年7月，抗日救国司令部第一、二大队整编为鱼台县抗日自卫总团；1939年4月又改编为湖边游击第四大队，联防司令部亦编入序列；7月，编入湖边司令部。司令部大部于1940年6月被编入八路军苏鲁豫支队。2.鱼台县独立营。1940年6月在鱼台抗日民主政府县长李贞乾及其弟

鱼台县抗日自卫总团建立旧址（鱼台文庙）

李秉真主导下成立，后升编、扩建，于1946年4月编入八路军晋冀鲁豫野战军第六纵队。此外，中共武装还有鱼台县大队、惠河支队、鱼台县武工队等。

1939年8月，中共苏鲁豫区党委（即中共山东分局第五区党委，习惯上也称"湖西区党委"）领导湖边地委、鲁西南地委以及3个中心县委、3个直属县委，其下有20余个县级党组织，鱼台县隶属湖边地委。在这一带活动的八路军主力部队是苏鲁豫支队第四大队。正当苏鲁豫边区抗日根据地蓬勃发展时，一场突如其来的"肃托事件"发生了。经过中共山东分局和八路军115师政委罗荣桓等及时制止和努力挽回，湖西党组织逐渐恢复。

日伪武装除日本侵略军驻军外，还有伪政府鱼台县建立的保卫团、鱼台县大队和鱼台县自卫团。抗战时期，国民党军及中共领导的抗日武装在鱼台县境内同日本侵略军展开激烈较量，许多英雄儿女为捍卫和平与争取民族独立献出了自己宝贵的生命。影响较大的战事，如国民党军开展的相里集阻击战（1938年5月）、中共领导的南阳阻击战（1939年9月）、二郎庙战斗（1940年2月）、郭楼战斗（1940年2月）、谷亭码头袭粮船（1941年秋）等。

鱼台县还存在形形色色的民间武装力量，主要有团练和联庄会、会道门武装和土匪武装三类。太平天国运动时期，地方士绅发起成立民间自卫组织，称团练。民国初年，鱼台境内各区复办团练，1920年停办。后因匪患及战乱，社会动荡，地方百姓迫切需要武装自保。韩复榘主政山东时期，成立山东省联庄会训练委员会。县内设置联庄会训练总会，区设分会，按地亩摊派壮丁轮流训练，与原团练组织性质和作用类似。1937年后，联庄会停办。

鱼台的会道门与民间帮派和秘密社会相联系，具有较强的组织和动员能力，又多宗教迷信色彩，以饮符念咒、习练拳勇等作为会众军事化和组织武装的手段。鱼台的会道门组织主要有安青帮、无极道、红枪会等，都有自己的武装队伍，对地方局势颇多影响。安青帮源于漕运中的漕工群体，是运河流域影响较大的传统帮派。鱼台安青帮成员众多，民国时著名首领有杨君立、樊照坤等。抗战时期，他们与中共鱼台抗战组织关系密切，利用自己的特殊影响，组织队伍或输送兵员开展抗日活动，并说服收编小股土匪加入抗战阵营，或劝说部分伪军投诚，为民族抗战事业做出了特殊贡献。

土匪武装。民国初年，因为政局不稳，社会动荡不安，土匪猖獗，鱼台县内打家劫舍事件时有发生。日军侵略山东，国民党山东省政府解体或流亡，社会秩序极度混乱，县内土匪蜂起。到1939年，大小土匪已达到150余股，大股有200余人，小股不足10人。其窝巢多在湖区，土匪们常打家劫舍，绑票勒索村民，后多被抗日武装收编，少数被日伪政权利用，协助镇压地方抗日活动。

鱼台近代的文化教育事业

民国时期的鱼台在农业、工商业、交通建设、文化教育等方面均有所发展，政府重视文化教育事业，县内涌现出大批优秀人才，促进了社会观念的革新，为社会变革提供了前提条件。

民国时期，鱼台教育事业的发展革新体现在学制、教育内容变化及学校建设、师资配备、招生数量等方面。在旧式教育逐步向新式教育过渡的大趋势下，公立学校、民办学校、教会学校共生并存，民间私塾长期延续，具有教育的多元化及新旧杂糅的时代特色。在这一时期，鱼台县多有为民族教育事业而殚精竭虑者，值得后人感怀。

自清末废科举兴学堂，旧式教育逐步向新式教育过渡。政府先后实行的学制有："癸卯学制"（1904）、"壬子学制"（1912）、"壬戌学制"（1922，简称"四二制"）。1912年民国建立，小学堂改称小学校，初等小学课程删去读经讲经、地理、格致等，中国文字改为国文；1922年学制改革，国文改为国语，初等小学增设社会、自然等课，高等小学设有公民、历史、地理等课。改易名称、废止读经与课程设置背后，体现出时代的变迁。

就鱼台县来看，1904年，政府改湖陵书院为高等小学堂。1906年，设劝学所，并在县内三教堂等处建小学堂3处。1911年，将湖团汛署改建为阎家集初等、高等小学堂；同年，拔贡吴树樟和金荣贵创办谷亭小学堂（1912年改称"谷亭小学"）。1915年，鱼台县城（鱼城镇）开办女子小学，招生30人。到1919年，全县9个学区共有小学54处，其中高等小学2处，女子学校4处，城乡国民学校（初等小学称"国民学校"）48处。另有师范讲习所1处（1916年设，意在为县内小学培养师资），通俗讲演会1处（又称"通俗教育讲演会"，由专人宣讲，意在提高民智，推行新政）。

国民政府时期，1928年，县内开明人士聂峨亭、袁云峦等人带头驱逐僧侣，改庙宇为学校、庙田为学田。是年，大聂家、常李寨、大阎家等村办起高等小学。到1930年，鱼台有完小9处，在校学生602

人；初小130处，在校学生4964人，县、区、村、私立皆有之。1935年，国民政府实施"义务教育制度"，全县划分为6个大学区28个小学区，有中心小学5处，普通小学7处，初级小学77处，短期小学53处（因洪水侵袭，仅35处开班）。此外，县国民政府还于1931年创办学期半年的夜校30处，进行普及教育。

抗日战争至新中国成立前的鱼台教育事业。1938年日军攻占鱼台，国民教育事业大受摧残。1939年，鱼台全县国民小学残留6处，学生275人。日伪政府亦借教育推行殖民政策，在县城、谷亭、罗屯等地办小学18处，44班，有学生1563人。鱼台人民虽经受各种艰难困苦，但在中国共产党的领导下，继续发展地方教育事业。在中共领导下，鱼台掀起轰轰烈烈的救亡办学热潮，马霄鹏、郭耕夫、郭文朗、张作楫、聂峨亭等作出了重要贡献。1938年，中共苏鲁豫特委委员马霄鹏、中共鱼台县委书记郭耕夫，帮助郭文朗、张作楫创办程庄寨、张集抗日小学。1939年，聂峨亭创办大聂抗日小学。1940年，赵紫生创办化鲁抗日小学、武台抗日小学。1941年，袁玉如创办袁家抗日小学。至1943年，抗日小学发展到42处，72个班，在校学生1868人。1946年，解放区小学发展到131处，201个班，在校学生7283人，学制为"四二"制，课程设有国语、算术、政治、历史、地理、自然、音乐、体育、国画。1946年9月，国民党军对鱼台大举进攻，解放区小学遭到严重破坏，仅余小学3处，学生238人。至1948年8月鱼台全境解放，年底恢复发展小学180处，126个班，学生4980人。

国民党主导下的教育事业。国民政府在鱼台老砦创办"国立二十二中"，在今老砦镇东里村创办山东省第二十联中。两所中学于

1945年解体（《简史》作"1944年8月"，此据县志）。抗战胜利后，国民党鱼台县政府谋划普及教育，救济失学儿童，派员赴乡劝导儿童入学。令乡镇保长积极修建校舍，收容儿童。到1947年底，鱼台有中心国民学校16处，100个班，学生3482人；国民学校38处，150个班，学生7316人。初小课程国语、算术、常识、音乐、体育、图画、劳作；高小较初小增加公民、历史、地理、自然课程。中学教育方面，1946年秋，国民政府在谷亭开办鱼台中学，中学于1947年春迁至县城，至11月停办（据《鱼台县志》）。师资培养方面，1946年秋，县国民政府在鱼台中学附设简易师范班，并成立师资甄选委员会，遴选合格教员，分甲乙丙等。政府对师资力量集中进行为期两个月的暑期培训后，分配到中心学校及国民学校服务。

教会办学。1922年（据县志，简史作1919年），鱼台县城办华美教会小学，男、女各招生一班。天主教又分别于1936年和1942年在县城（鱼城镇）、谷亭镇办教会小学各1处，分别由修女裴景淑和信徒武元斌任教，两校均于1943年停办（此据县志"风俗宗教编"，县志"教育编"与简史均作1939年创办、1946年8月停办）。

私塾教育一直在鱼台民间存续，塾师由一村或邻村数家出资合聘。个别富户会请塾师在家设馆，或塾师在家设馆教授本村或邻村学生。私塾无固定学制，授课内容相对单一，一般有《三字经》《百家姓》《千字文》及"四书五经"等。清朝时期，私塾遍及鱼台城乡；民国时虽经废止，仍长期存在；直到鱼台解放后，私塾才正式退出历史舞台。

此外，民国时期近代文化设施与传播媒介在县域落地，对地方社会的文化发展起到一定作用。1922年，鱼台县设有县图书馆、民众读书阁报处、通俗讲演所，到1930年7月合并为民众教育馆，内分总务、图书、讲演、体育、推广五部。1938年5月，日军侵略鱼台，图书散失一空。近代报纸杂志也在鱼台落地，民国时期创办发行的报刊，有直属国民党鱼台党部的《鱼台周报》（1931.1—1938.5）和《新鱼日报》（1946.11—1947.11），直属中共鱼台县委宣传部的《渔光报》（1939.10—1940.5）。

史诗壮举：鱼台稻改运动

在黄河、运河地区水环境变迁以及国家漕运政策、河工建设等因素的影响下，南四湖湖区逐渐形成，附近州县则出现大面积的"沉粮地"（即被湖水淹没，且为官方认定免税的土地）。该区域经历了从耕地景观到湖泊景观的演替，粮田变成了水面，栽植了苇、草、莲藕，孕育了多种水产植物。

在传统农业社会，耕地是百姓生活之源，尽管免去了"沉粮地"的赋税，但农民"有地不尽耕种，悬罄兴嗟，哀鸿堪悯"。早在乾隆年间，朝廷与山东地方政府在排水救灾和宣告"沉地豁粮"的过程中，已有意推动农民改旱田种粮为水地植苇，试图在解决失地百姓生计的同时，维系国家的赋税收入。种庄稼的农民失去了赖以生存的土地后，不得不改变原有的农业生产方式，或在亢旱之年利用涸出的土地"及时种麦，以冀幸获"，或者"谋开稻田"，但这两种方式并不固定，种麦"稍遇微雨，上游水来，则并籽种资力而悉丧之"，开稻田也"卒无成效"，于是大多数人选择了"植苇捕鱼，自谋生活"，变成了以水产植物为生的湖民，祖辈生活在湖内，无村宅房舍，以船为家。民国时期，山东有意治理南运河，使湖区干涸成田，但因苏、鲁两省利益冲突尖锐，虽多次商议仍无法达成一致。湖区涝灾盐碱等仍然深刻阻碍着鱼台农业的发展。

"稻改"之前，鱼台因水而患，农业从未走出困境。鱼台东临南阳、昭阳二湖，海拔平均35米，属于典型的"锅底洼"。境内河流承接着苏鲁豫皖4省20余县客水。汛期湖内顶托，洪水不能自然下泄，河水倒漾，遍地汪洋，常常是"大雨大灾，小雨小灾，无雨旱灾"。鱼台县地处滨湖涝洼，常常是十年九淹。

新中国成立后，中国共产党带领鱼台人民兴修水利，进行大规模农田基本建设，通过治水求变。20世纪50年代至60年代初，加固河湖堤防，开挖、疏浚河道，筑台田、修条田，大搞河网化。十五年的治水，虽然取得了一些治水经验，但县内十年九淹的局面没有彻底转变。

新中国成立后，鱼台地区成功实行"稻改"，极大推动了本地农业发展。所谓"稻改"，即通过整修农田水利设施，将原来仅种植旱谷杂粮的旱地改为水田，以实现稻麦绿肥轮作制。在社会主义建设热潮中，国家高度重视农业特别是粮食生产，提出了"以粮为纲"的指导方针，各地积极响应，努力扩大高产粮食作物的种植面积。而水稻由于具有产量高、抗逆性强等特性，成为提升粮食产量的不二之选。在20世纪五六十年代北方临近水源的河湖地带，各级党员干部带领群众掀起了稻改的热潮，济宁滨湖涝洼地也不可避免地卷入了这场耕作制度的变革。

"滨湖地区"指济宁市南四湖（昭阳湖、南阳湖、独山湖、微山湖）周围各县市区，依据济宁市现行行政区划，具体包括鱼台县的全部，以及任城区、嘉祥县、金乡县、微山县的部分区域。在推行稻改的初始阶段，滨湖地区部分农民因为种植习惯的差异，加上对种植水稻能否取得好的收成存有疑虑，对"稻改"有一定程度的抵制。但在集体化时代大环境下，"稻改"是大势所趋，不可抗拒。从长远来看，"稻改"实现了耕作制度的重大变革，济宁滨湖地区发生了翻天覆地的变化，不仅农业生产水平得到大幅度提升，农民的生活得到改善，而且促进了当地社会经济的繁荣发展。

经历了20世纪50年代至60年代初的曲折与探索，大面积"稻改"于1964年11月鱼台县建制恢复的同时有计划地开展起来。不得不指出，鱼台人民在匮乏的条件下为大面积"稻改"付出了艰苦劳动，高庄大队民兵连长青年张玺郎等人甚至献出了宝贵的生命。1964年冬至1965年底，"稻改"动用劳力5万余人（占鱼台总劳力的60%），付出劳动工日251万个，修干、支、斗、农四级渠道7296条，长2753公里，建造渠系建筑物3500座，疏浚河道4条，长100余公里，完成土方工程1500余万立方米。

"喜看稻菽千重浪，遍地英雄下夕烟。"经过"稻改"，秋天金灿灿的田野、沉甸甸的稻穗，化作鱼台人民洋溢在脸上的灿烂笑容、刻在心头的丰收喜悦。鱼台县由吃粮靠统销、连年逃荒要饭的贫穷县一跃成为余粮县，成为远近闻名的"鱼米之乡"。

"稻改"是人们在充分认识自然的基础上利用和改造自然的产物，鱼台大部分地区长时期饱受水涝和盐碱灾害之苦，而水稻在适应水涝环境和改善盐碱土壤方面较其他粮食作物具有其独特的优势。大面积的水稻种植促使鱼台县整体经济结构发生改变，带动了草编业、造纸业、稻糠稻壳加工利用、酿酒业以及相关农工业机械制造的发展。鱼

双河八姐妹

    "稻改"是20世纪60年代中共鱼台县委团结带领全县人民开展的一次生产自救的伟大实践，是在特殊困难的历史条件下完成的一个具有史诗意义的壮举。在鱼台大地上，轰轰烈烈的治水改稻大军像一块烧红的生铁，形成了任何困难也难不倒的铁血洪流。正是依靠这种居弱图强、同心同德、艰苦奋斗、拼搏奉献的稻改精神，鱼台一举从贫困县变成余粮县。

"稻改记忆"稻田画

台县以大米为原料大力发展酿酒业，酿制鱼台米酒、孔府宴酒等，孔府宴酒畅销国内多地并出口海外，多次获奖，为鱼台地区经济发展作出重要贡献。

农业是利用与改造自然的产业，其发展也必然会对生态环境产生深刻的反作用。"稻改"在缓解滨湖涝灾、改良土壤、减轻蝗害的同时，也致使南四湖蓄水量大为减少，湿地功能减弱，渔业资源锐减，水体受到污染。时光荏苒，"稻改"距今已有半个世纪，随着生态环境和社会生活的变迁，滨湖部分村镇因为各种原因已恢复到昔日的旱作制，但绝大部分地区依然在种植水稻，稻作已经成为当地农业不可或缺的组成部分。"稻改运动"与集体化一样，成为一个时代的象征，逐

渐消逝在历史的洪流中。但它也为我们窥探那个时代的农业生产状况提供了一扇窗户。当年治水改稻所诠释的自力更生、艰苦奋斗、拼搏奉献的精神，融入人民血脉之中，成为鱼台的精神符号。在日新月异的今天，我们更加注重科学与理性。眼下滨湖稻作的发展也陷入瓶颈期。在水源不足、水利工程设施年久失修、成本增加、农业劳动力短缺的形势下，如何促进稻作可持续发展且不断提升种稻经济效益，成为滨湖地区亟须解决的问题。①

---

① "稻改"部分参见李忠秋《1960年代济宁滨湖稻改研究》，山东大学硕士学位论文，2015年。

稻田劳动之余（山东画报社供图）

稻田施肥（山东画报社供图）

辛勤劳作（山东画报社供图）

现代化收割方式

鱼台孝贤文化：
中华优秀传统文化的民间结晶

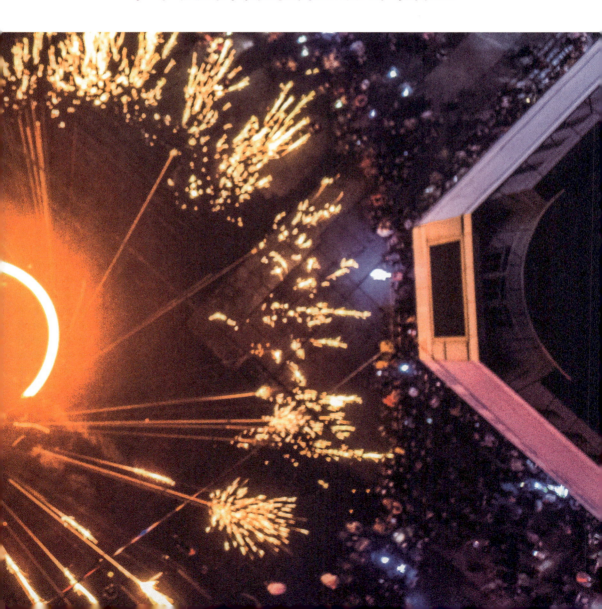

鱼台是孝贤文化的发源地，历来被誉为"孝贤故里"。鱼台文化底蕴深厚，孝贤文化源远流长，儒家先贤的讲学传道为鱼台孝贤文化的产生埋下了种子。"五里三贤"是鱼台孝贤文化的代表人物，他们深刻影响着鱼台人。孝贤文化是中华优秀传统文化的精华部分，必将在新时代焕发出更大的现代价值，传承孝贤文化意义重大。

鱼台孝贤文化的孕生

　　儒家先贤的讲学传道、儒家文化的浸润为鱼台播下了孝贤文化的种子，长期的水患和战乱让鱼台人更加崇尚孝贤人物，以自己的实际行动传承着孝贤文化。在两千余年历史长河的洗练中，鱼台孝贤文化绵延不绝，蔚为大观。多难兴邦、殷忧启圣，这句话放在鱼台便是多难兴鱼台，殷忧启孝贤。由孝而贤，贤则大孝，孝与贤在鱼台人民的实践中深刻结合，成为鱼台孝贤文化的特色。

儒风浸润与先贤传道

　　在儒家思想文化诞生的春秋时期，鱼台属鲁国管辖。鲁国是周公的封地，自周代以来便谨守周礼，有礼仪之邦的美名。孔子是鲁国人，曾做过鲁国的大司寇，与鲁国有很深的渊源，孔子所作的儒家重要典籍《春秋》便是以鲁国纪年所写的历史，鲁国也因此深受儒家思想影响。一直到西汉时，汉高祖兵临鲁地，"犹闻弦诵之声，为其守礼义之国"（《资治通鉴·汉纪三》）。当时人称"周礼尽在鲁矣"。鱼台因此形成了隆礼重义的淳朴民风，这促进了孝贤文化的产生。

鱼台孝贤文化由来已久，家庭里父慈子孝、其乐融融，是社会和谐的基础
（山东画报社供图）

孝贤文化是儒家思想文化的重要组成部分，是先秦儒家政治构想的基点。儒家至圣先师孔子曾多次阐述孝的内涵和重要意义。孔子首先提出"孝敬"的概念，认为"孝"与"敬"要相结合："今之孝者，是谓能养。至于犬马，皆能有养；不敬，何以别乎？"（《论语·为政》）子女不仅应该在物质层面奉养父母，还要在精神层面尊敬父母，让父母心情舒畅，"敬"是人之所以区别于动物的所在。其次，孔子对孝提出了更高层次的要求，就是"承教继志"。孔子说："父在，观其志；父没，观其行；三年无改于父之道，可谓孝矣。"（《论语·学而》）作为子女应该秉承父母的教导，树立长远的志向，使父母的理想事业得到光大发扬，孝且有为。最后，孔子把孝作为实行"仁"的根本："弟子，入则孝，出则悌，谨而信，泛爱众，而亲仁。行有余力，则以学文。"（《论语·学而》）"仁"的含义简单来说就是爱人，爱广大众多的人，这种爱从何而发呢？就是要从自己身边的人做起，先孝敬父母、友爱兄弟，然后推及他人，最终达到"仁"的境界，这也正是孟子所说的"老吾老以及人之老，幼吾幼以及人之幼"（《孟子·梁惠王上》）。总之，孔子为孝贤文化注入了丰富的内容和深厚的内涵，"孝"与由此衍伸出来的仁、义、礼、智、信等品德构成了儒家思想的核心内容。这种思想深刻影响着鱼台人民。

孔子死后，其弟子闵子骞、樊子迟、宓子贱因避战乱而至鱼台，在当地传道授业，三人都定居在棠邑，居所相距不过五里，后称美其事曰"五里三贤"。三人俱是孔子弟子，位居孔门七十二贤人之列。闵子骞，名损，字子骞，鲁国人，以"贤、仁、孝"闻名。相传闵子骞早年丧母，后母虐待他，冬天以芦花为其棉絮。偶被父亲鞭打后发现，即欲休妻。闵子骞劝阻说："母在一子寒，母去三子单。"由此感动了后母和家人。这就是著名的芦衣顺母的故事。闵子骞也是二十四孝中的著名人物，是孝亲敬长的典范和楷模。宓子贱，名不齐，字子贱，鲁国人，少孔子三十岁。宓子贱"仁民、举贤、孝亲、尊师"，被赞为君子。"宓子贱治单父，弹鸣琴，身不下堂，而单父治。"（《吕氏春秋·察贤》）孔子曾夸赞他："君子哉若人！君子哉若人！鲁无君子也，斯焉取斯？"（《论语·公冶长》）可见宓子贱之贤之能。樊子迟，名须，字子迟，鲁国人，少孔子四十六岁，是孔子晚年的弟子。《论语》中关于樊子迟的事迹记载较少。他曾向孔子请教种田种菜的知识，多次向孔子问仁、知、孝。他参与了保卫鲁国的战斗，鲁哀公十一年（公元前484年），齐国军队进攻鲁国，鲁国奋起反抗，"冉求帅左师，管周父御，樊迟为右"，最终击退了齐国的进攻。

"五里三贤"雕像

鲁悼公十四年（公元前453年），相传樊子迟在赴曲阜祭奠孔子的途中暴卒于陶，终年五十二岁。闵子骞和宓子贱将他葬于棠地，随后二人也相继离开，此时距三贤定居鱼台已有二十五年。至此，三贤聚居的时光就结束了。但后世为祭祀先贤，分别在其故居兴建庙、府，世代祭奠。三贤居鱼台在鱼台文化史上具有划时代的意义。三贤以身作则，言传身教，促使鱼台人形成了重视孝道、尊崇贤人的文化精神。此后两千余年，这种精神一直绵延不绝。

鱼台依水而生，古济水穿鱼台全境而过，古泗水与其交汇于鱼台。它们使鱼台成为古代中国的水运交通要道，给周边民众的生产生活提供了水源保障，孕育了灿烂的鱼台物质文明与精神文化。但水患也成为鱼台的痛处，给鱼台人民带来了众多令人不快的记忆。历史上鱼台曾多次发生水患。根据康熙《鱼台县志》的记载，自西汉武帝至明崇祯时期的约1800年中，史书提到的水灾就达30次，平均60年一次。而在明王朝276年的历史中，鱼台水灾的记载就有15次，平均不到20年一次。

鱼台除遭水灾侵袭外，还长年受战乱兵灾之苦。鱼台自古为兵家要地，春秋战国时期，是齐、宋、魏、吴、楚等国的交界地带，战事频繁。进入封建社会后，鱼台既是沟通山东与中原地区的东西交通要道，又是江淮地区民众北上或少数民族南下的南北交通要道，因此饱受战乱之苦。近现代的军阀混战和日军侵略，也让鱼台长期处于战乱之中。

长期的水患和战乱并没有打倒鱼台人民，而是磨砺了鱼台人民的坚毅品格。这既是鱼台人民的坚守，也是整个中华民族从磨难中奋起的伟大精神在鱼台的体现。儒家先贤的讲学传道为鱼台播下了孝贤文

"稻改"前的鱼台境内曾长期遭受水患灾害（山东画报社供图）

化的种子，而长期的水患和战乱让鱼台人更加崇尚孝贤人物，以自己的实际行动传承着孝贤文化。在两千余年历史长河的洗练中，鱼台孝贤文化绵延不绝，蔚为大观。多难兴邦、殷忧启圣，这句话放在鱼台便是多难兴鱼台，殷忧启孝贤。

鱼台孝贤文化的萌发及内涵

孝贤文化虽然以孝文化为滋养，但绝不等同于孝文化，它是一种内涵更为丰富、不断发展创新且具有鱼台地方特色的文化模式。孝贤文化是劳动人民在长期的历史发展中，在生产、生活中，在彼此交往中形成、发展并享有的以儒家价值观念为基础的关于孝贤观念、规范、行为的总称。它既是传统儒家思想文化在鱼台的传播发展，又是鱼台人在自身的不断实践中的切身感悟。

　　孝，《说文解字》记载"善事父母者。从老省，从子。子承老也。"孝顺就是善于奉养父母。"孝"字的结构是"老"字的一半加上一个"子"字，取子承老之意，即在子女幼小的时候父母养育子女，而等到父母年华已逝，垂垂老矣的时候，子女就要承担起赡养父母的责任。孝是中华民族的传统美德，《诗经》载"哀哀父母，生我劬劳"，《礼记》中说"孝子之养也，乐其心，不违其志"，《孟子》讲"惟顺于父母，可以解忧……大孝终身慕父母"。对孝的阐发和阐释是中华文化的重要组成部分，孝已经成为中华民族刻在骨髓里的文化基因。

　　贤，《说文解字》载："多才也。"段玉裁注解道："贤本多财之称，引伸之凡多皆曰贤。人称贤能，因习其引伸之义而废其本义矣。"贤的本义是财产很多，引申义是多，贤能连用，即多能之义，但后来贤的意思逐渐丰富。《诗经·小雅》谓"我从事独贤"，这里的贤便是操劳的意思。南北朝时期的字书《玉篇》解释贤"有善行也"，在《系辞》中也有类似的记载，"大亨，以养圣贤"，"可久则贤人之德，可大则贤人之业"。《尚书》又记载大禹时"野无遗贤"。由此可见，贤的常见意思有两种，一种是美好的品德和善良的行为，另一种是具有这样品德和行为的人。我国自古以来也有推崇贤人，赞扬贤的品德的传统。《论语》中说"见贤思齐焉，见不贤而内自省也"，即见到贤人和好的品行就要向他学习，看到品德不端的人和事就反省自己有没有类似的行为。在西汉时，汉文帝为了国家大治，下诏求贤良、方正之士。到了后世，在国家初创之时，君主都会礼贤下士，求贤若渴，以示对人才和德行的推重，留下了诸如三顾茅庐这样的故事。推崇贤德、尊重贤人，也成为中华民族的优良传统。需要注意的是，贤和才、能有所区别。在传统文化中，一个人仅仅有才能还不足以被称为贤人，他还必须拥有美好的品德，也就是说，美好的品德和善行才是贤人最核心的标准。诸葛亮既有才干，又为了大业鞠躬尽瘁、死而后已，尽心辅佐刘备父子，因此人们称他为贤人；而司马懿不可谓不才，但他发动政变，擅杀大臣，其子孙篡魏立晋，所以即使有才能也不称其为贤。

　　孝和贤都是中国重要的文化基因，但将孝和贤相结合，在不断践行中形成独具特色的孝贤文化却是鱼台的创新。孝和贤本身就有紧密的联系，孝是贤得以发展的根本。有子曰："其为人也孝弟，而好犯上者鲜矣；不好犯上，而好作乱者，未之有也。君子务本，本立而道生。孝弟也者，其为仁之本与！"（《论语·学而》）孝是人之大本，君子先将根本做好，这样自然才能走上大道，仁德也由此而生。人必须先爱自己的父母家人，然后推己及人，才能对他人有仁爱之心。孟子谓"仁之实，事亲是也"，正是如此。由孝而贤，孝能生贤，是古代先贤大儒的真知灼见。贤是彰显孝道、使孝具有更高价值的必由之路。《孝经》中说："身体发肤，受之父母，不敢毁伤，孝之始也。立身行道，扬名于后世，以显父母，孝之终也。夫孝，始于事亲，中于事君，终于立身。"爱护自己的身体，保持健康，不使身体受到损害，这是孝的开始。做一个正直的人，遵从大道，使名声传扬后世，让父母也得以昭显，这是孝的终点。孝开始于事奉亲人，但终于成就自己。因此，如果想真正做到孝敬父母，就必须勤奋学习，养成美好的品德，成就一番事业。因此孟子所说的不孝之行便包含"惰其四支""博弈好饮

举行纪念闵子诞辰公祭仪式

酒""从耳目之欲"等，这些行为虽然不是不好好奉养父母之举，却荒废了自己，从而辜负了父母的教养，因此也被视为不孝。

从以上论述我们可以看出，孝是精心事亲，贤是德才兼备、奉献社会。孝是贤的出发点，贤是孝的目的地。不过这也不意味着孝和贤位于两端而互不干涉，最终成为一个贤人是为了更好的孝，为了更好地孝则需要不断向贤。如果用马克思主义哲学的术语来讲，孝是贤的本质，而贤是孝的外在现象，二者相互统一，不可分离。鱼台先贤闵子骞便是如此，他事亲以孝，而自身立德行善，讲学布道，使鱼台人人慕贤，从而也使孝得到更好的彰显。由孝而贤，立德行善，广施仁义，贤而至孝，这便是鱼台孝贤文化的特色。

鱼台孝贤文化的代表人物："五里三贤"

孝贤楷模：孔门十哲之一闵子骞

闵子骞（公元前536年—公元前487年，一说公元前536年—公元前447年），名损，字子骞。春秋末鲁国人。孔子弟子，以德行与颜回并称，被尊为"笃圣"。他既是孔门七十二贤之一，又与颜渊、冉伯牛、仲弓、宰我、子贡、冉有、子路、子游、子夏一同被誉为"孔门十哲"，更是鱼台孝贤文化的代表人物。

闵子骞像

从学孔子，德行昭闻

据冯云鹓《闵子书》，闵氏先祖为鲁闵公之子子鲁，子鲁生泽；泽生伯衍；伯衍生子建；子建生子马父，为鲁国监史大夫；子马父生损。鲁闵公，又作鲁湣公，春秋时期鲁国第十七任君主，姬姓，名启，是鲁庄公的儿子，公元前660年，庆父使卜齮袭杀鲁闵公于武闱，鲁闵公在位仅两年，"庆父不死，鲁难未已"便是指此事。闵子骞是鲁国公族出身，是鲁闵公六世孙。公元前536年春天正月，闵子骞生于鲁国，"少孔子十五岁"。《闵氏家乘》记载：闵子骞出生时，他的父亲梦见文魁星身着五彩斑斓的服饰，手持玉符宝玺，与福禄寿星一起站在床前。当他的父亲醒来时，屋内兰香绕室飘浮，达三个时辰。闵子骞生来英俊秀灵，仪表非凡。其父因"夫日中则移，月满则亏也"，故给他取名"损"，"譬如濯污而曰污，治乱而曰乱"，名"损"有由亏损转盈余之意。闵子骞六岁的时候，其生母姜氏便已病逝，闵子骞异常伤心。不久后闵子骞的父亲又续弦娶了姚氏。姚氏作为后母，起初对闵子骞并不好，但闵子骞并没有为此介怀，他总是设法调和一家人之间的关系，使亲人关系融洽。孔子也称赞他"孝哉闵子骞！人不间于其父母昆弟之言"。这句话的意思是说闵子骞真是孝顺呀！人们对于他的父母兄弟称赞他的话，没有什么异议。可以看出闵子骞的孝行得到了父母家人以及周边乡里的一致认可，孔子非常赞赏他的孝行。

闵子骞十五岁的时候师从孔子，《韩诗外传集释》记载：

闵子骞始见于夫子，有菜色，后有刍豢之色。子贡问曰："子始有菜色，今有刍豢之色，何也？"闵子曰："吾出蒹葭之中，入夫子之门。夫子内切瑳以孝，外为之陈王法，心窃乐之。出见羽盖龙旗，旌裘相随，心又乐之。二者相攻胸中而不能任，是以有菜色也。今被夫子之教寖深，又赖二三子切瑳而进之，内明于去就之义，出见羽盖龙旗，旌裘相随，视之如坛土矣，是以有刍豢之色。"

这段话是说，闵子骞一开始跟随孔子的时候脸色很差，后来却容光焕发，脸色很好，子贡问他怎么回事，闵子骞答道："我从贫困农家中来，拜往夫子门下，夫子教我孝道和王道大义，我非常开心向往，但看富贵人家的车骑华服，也非常向往。两者在心中冲突矛盾，因此常常愁眉不展。后来我受夫子的教诲更多更深了，又有同好相互切磋探讨，明白了所学的大义奥妙，现在再看到车骑华服，就像看到陶土一样，因此心情舒畅，脸色很好。"由此可见，闵子骞早年也会为人生方向感到迷茫，但在孔子教诲和同门交流的潜移默化影响下，闵子骞最终服膺于王道大义，明白了自己的方向，就是要成为一名真正的贤人君子。后来他与颜渊、冉伯牛、仲弓同列孔门四科的德行之中。德行是孔门四科之首，颜渊是德行之俊，被孔子多次赞扬，位列第一，而闵子骞位列第二，可见其德行之昭彰。

闵子骞的高洁品行更突出体现在闵子骞辞费宰的事迹中。《论语·雍也》记载：

季氏使闵子骞为费宰。闵子骞曰："善为我辞焉。如有复我者，则吾必在汶上矣。"

季氏派人请闵子骞担任费邑的长官，闵子骞却说："请为我辞谢，如果再来要求我去做费宰，我一定逃到汶水之上去。"闵子骞如此坚决拒绝季氏，并不是因为他不愿为官，志在做一个隐士，而是因为季氏让他做的费宰是季氏私人的官员，并不是鲁国国君委任的。季氏，亦称季孙氏，是鲁国贵族三桓之首，凌驾公室之上，掌握鲁国实权，费邑是季氏的私邑。如果闵子骞做了费宰，便相当于成了季氏擅权乱政的帮凶，这是闵子骞心中的道义绝不允许的。司马迁赞扬他"不仕大夫，不食污君之禄"的高风亮节，谢显道也称赞他"知内外之分""乐道而忘人之势"。拒绝送上门来的荣华富贵，安贫乐道，谨守礼义，可见闵子骞品行之高尚。

闵子骞不仅恪守王道礼制，而且爱惜民力。《论语·先进》载：

> 鲁人为长府。闵子骞曰："仍旧贯，如之何？何必改作？"子曰："夫人不言，言必有中。"

鲁国翻修长府，闵子骞说："还是照老样子，怎么样？何必改建呢？"孔子称赞说："这个人平日不大开口，一开口就说到要害上。"修建长府必定要征用民力，而鲁国由于季氏专权，已是民生凋敝，民怨沸腾。因此闵子骞认为不应该再大兴土木，一仍旧贯就可以了。闵子骞此语也有劝谏鲁国君主不要对季氏轻举妄动的意思，怕引起国内动乱，人民死伤于战火。由此可以看出闵子骞的确称得上"仁人"。

闵子骞敏而好学，品行高洁，严守孝道，遵从礼义，是一位大贤君子。孔子死后，他前往棠邑鱼台设教，他高洁的品行深刻影响鱼台人。时人评价孔子的弟子说道："子夏、子游、子张皆有圣人之一体，冉牛、闵子、颜渊则具体而微。"意思是子夏、子游、子张都各有孔子的一些长处；冉牛、闵子、颜渊大体近于孔子，却不如他那样博大精深。孔子毕竟难以企及，但能近于孔子，说明时人对闵子骞评价之高。

芦衣顺母，孝名远扬

闵子骞之所以闻名于世，固然与他的品行高洁有关，但更多是由于他的孝行。尤其是元代以后闵子骞"芦衣顺母"的故事被编入"二十四孝"之中，其美名更加广为传颂。

"芦衣顺母"的故事最早出自刘向《说苑》，是西汉时期所编，取自当时的杂史小说，其中不少内容都可与其他当时的图书相互印证，

孝贤故事"芦衣顺母"

有一定的可信度。《说苑》大部亡佚，关于闵子骞孝行故事的记载是从欧阳询的《艺文类聚》引文中补入的。其记载如下：

　　闵子骞兄弟二人，母死，其父更娶，复有二子。子骞为其父御车，失辔，父持其手，衣甚单。父则归，呼其后母儿，持其手，衣甚厚温。即谓其妇曰："吾所以娶汝，乃为吾子。今汝欺我，去无留。"子骞前曰："母在一子单，母去四子寒。"其父默然。故曰：孝哉闵子骞。一言其母还，再言三子温。

除此之外，《太平御览》《蒙求》等文献中也有引用记载，故事大体与《说苑》类似，但闵子骞兄弟的数量、冬衣材质、父亲的行为等略有出入。各种记载中，以《敦煌变文集·孝子传》最为详细，变文最初是寺院里以通俗语言解说佛经的俗讲，连说带唱，后来内容扩大，也演唱历史故事，民间传说，成为唐、五代时期一种流行的文学形式。可见芦衣顺母的故事至迟在唐代就已经广为人知了。现将该版故事录之如下：

　　闵子骞，名损，鲁人也。父娶后妻，生二子。骞供养父母，孝敬无怠。后母嫉之，所生亲子，衣加棉絮，子骞与芦花絮衣，其父不知。冬月，遣子御车，骞不堪甚，骞手冻，数失缰靷，父乃责之，骞终不自理。父密察之，知骞有寒色，父以手抚之，见衣甚薄，毁而观之，始知非絮。后妻二子，纯衣以绵。父乃悲叹，遂遣其妻。子骞雨泪前白父曰："母在一子寒，母去三子单，愿大人思之。"父惭而止，后母改过，遂以三子均平，衣食如一，得成慈母。孝子闻于天下。

这段话翻译如下：闵子骞，名损，鲁国人。他的父亲娶了后妻，生了两个儿子。闵子骞供养父母非常孝敬，从来没有懈怠。后母讨厌闵子骞，在自己亲儿子的御寒衣物里面加的都是棉絮，而给闵子骞的衣服是用芦花絮做成的，闵父不知道这件事。十一月里闵父派儿子们赶车，闵子骞无法忍受寒冷，手都冻僵了，好几次都把套牲口的绳子掉到地上。父亲于是责备他，闵子骞始终没有申辩。父亲仔细地观察闵子骞，看他的样子很怕冷，于是用手摸他，发现他的衣服很薄，撕开衣服观察才知道衣服里原来不是棉絮。而后妻亲生的两个儿子的衣服都是棉絮。父亲悲痛叹息，想要休妻。闵子骞泪如雨下，对闵父说："如果后母在，只有我一个人受冻；如果后母离开，那我们兄弟三人都要受苦。希望父亲能够好好考虑。"父亲听了很惭愧，后母也改过自新，之后对三个儿子一视同仁，衣食都一样，变成了一个慈母。闵子骞的孝子事迹就流传于天下了。

到了元代，郭居敬辑录古代二十四个孝子的故事，编成《二十四孝》，序而诗之，用训童蒙，成为宣传孝道的通俗读物。他在闵子骞的故事中题诗道："闵氏有贤郎，何曾怨晚娘？尊前贤母在，三子免风霜。"赞扬闵子骞的孝行。闵子骞当时应当只有十余岁，而能为父母兄弟如此考虑，宁可自己受冻受委屈也不愿让家庭破碎，最终使后母幡然悔悟，一家人和好如初。我们学习闵子骞的孝行，当然不是学习他的受冻受寒，而是学习他的孝道精神。闵子骞的故事告诉我们，当面对父母犯错误时我们应该怎么办。是当面怒斥，还是避而远之？闵子骞则是在错误被揭露出来的时候体谅父母。我们在日常生活中也会遇到许多类似的事情，比如父母跟我们的观念不合，或是因为不了解相关事务而误了自己的事，我们也要体谅父母，想到父母生养我们的不易。这样家庭才会和睦，我们与父母的关系才会变得更加融洽。

闵子骞的孝行除了芦衣顺母之外，在丧礼上也有明显体现。《春秋公羊传·宣公元年》记载：

> 古者臣有大丧，则君三年不呼其门；已练，可以弁冕，服金革之事。君使之非也，臣行之礼也。闵子要绖而服事，既而曰："若此乎，古之道不即人心。"退而致仕，孔子盖善之也。

意思是古时如果大臣在服丧，那么君主三年不应该叫他服官做事，直到服丧结束才可以；而闵子骞服丧之时君主要任用他，是不合乎礼节的。于是闵子骞穿着丧服为君主做事，等到事情做完说："如果这样继续下去，人心就会远离古人的大道。"于是他辞官继续服丧。闵子在服丧的时候既能服从事君之忠，又能兼顾事父母之孝，因此孔子特别赞扬他。由此也可以看出，闵子骞的孝不是迂腐固守的孝，而能面对具体情况灵活应对，最终不失却孝的精义。

《说苑·修文》也记载了闵子骞丧礼相关的故事：

> 子夏三年之丧毕，见于孔子。孔子与之琴，使之弦，援琴而弦，衎衎而乐，作而曰："先王制礼，不敢不及也。"子曰："君子

也。"闵子骞三年之丧毕，见于孔子。孔子与之琴，使之弦，援琴而弦，切切而悲，作而曰："先王制礼，不敢过也。"孔子曰："君子也。"子贡问曰："闵子哀不尽。子曰'君子也'。子夏哀已尽，子曰'君子也'。赐也惑，敢问何谓？"孔子曰："闵子哀未尽，能断之以礼，故曰君子也。子夏哀已尽，能引而致之，故曰君子也。夫三年之丧，固优者之所屈，劣者之所勉。"

这段话的大意是：子夏服完三年丧礼，见孔子，孔子让他弹琴，他弹得非常欢乐，说道："三年服丧之礼已经结束，不敢在服丧期内作乐。"孔子说："是君子。"而闵子骞同样过了三年服丧期，见孔子弹琴，弹得十分悲伤，并说："先王作礼，服丧三年，因此虽然哀伤，但不能不结束服丧。"孔子也称赞道："是君子。"子贡感到疑惑，于是便

汉画像石《闵子骞御车失棰图》（局部）

124

问孔子这是为何。孔子回答道："他们两个人虽然弹琴有哀有乐，但都遵从了三年丧礼，因此都是君子。三年的丧礼，让于孝道做得很好的人有所屈抑，让孝道做得不够的人有所勉励。"由此可见，虽然孔子称赞子夏和闵子骞都是君子，但他还是有明显的倾向的。在孝敬父母方面，闵子骞毫无疑问是优于子夏的。丧礼三年期限的作用就在于让子夏这样的人可以守礼而行，不失为君子；但也让闵子骞这样的人有所抑制。闵子骞对父母的感情是发于真情实感的，他虽然谨守丧礼，但他并不是出于服从礼的要求才行孝道，而是出自他对父母真挚的感情，因此他才会在丧礼结束之后仍然"切切而悲"。礼的真正作用绝不是为了矫饰，弄虚作假，而是为了给那些不够孝敬父母的人制定一个标准，让他们得以孝顺父母。对闵子骞这样至孝的人来说，礼却在于让他不至于过度悲伤。礼根本的目的在于顺应人情、时势，让人们对父母有发自内心的感情。从这一点来说，闵子骞在孝道上明显超越了礼的表象，深得礼的精髓。

传承与颂扬

自西汉儒家思想成为官方正统思想之后，闵子骞就屡受褒奖，汉以孝治天下，闵子骞的孝更格外为人重视。汉武帝时期曾下诏举茂才，要求"事师有颜闵之材"。班固作《汉书·古今人表》对汉代之前的人物进行品评，把人分为九等：上上、上中、上下、中上、中中、中下、下上、下中、下下。其中上上是圣人，只有孔子、周公、周文王、周武王等少数人；上中是仁人，仅次于圣人，闵子骞便被评为上中，与颜渊、左丘明并列，比孔子的其他弟子如季路、冉有、子贡等都高出一等，可见汉人对闵子骞的评价非常之高。

两汉时，闵子骞作为孔子称赞的"十哲"而得以配享孔庙。唐代时，封闵子骞爵位为费侯，称他"畅元圣之风规，发人伦之耳目，并宜褒赠，以宠贤明"，在孔子诸弟子中排名第二，仅在颜渊之后。到了宋代之后，孟子越来越为诸儒所重视，闵子骞地位稍有下降。宋代逐渐形成了以颜渊、曾子、子思、孟子为首的南向四位配享孔庙，而闵子骞紧随其后，在东西向十哲配享中排名第一，并加封为费公。此后元明清三代皆沿袭之。从汉至清，闵子在孔子弟子中的配享排名始终在前五位，可见闵子骞的贤能是后人所公认的。

除了祭祀上的推崇之外，历代名士诗人也对闵子骞广为赞颂。西晋时夏侯湛作《闵子骞赞》："圣既拟天，贤亦希圣。蒸蒸子骞，立体忠正。干禄辞亲，事亲尽敬。勉心景迹，擢辞流咏。"唐朝时，曾任宰相的源乾曜为闵子骞作了《先师闵损字子骞赞》："惟颜亚圣，惟闵此德。让宰善辞，安亲顺色。动静无闲，中正是则。非经即礼，至孝之极。"

北宋年间，齐州知州李肃为闵子骞修建了闵子祠。苏轼的弟弟苏辙为闵子祠写了《齐州闵子祠堂记》：

　　历城之东五里，有丘焉，曰闵子之墓。坟而不庙，秩祀不至，邦人不宁，守土之吏将有举焉而不克者。熙宁七年，天章阁待制、右谏议大夫濮阳李公来守济南，越明年，政修事治，邦之耆老相与来告曰："此邦之旧，有如闵子而不庙食，岂不大缺？公唯不知，苟知之其有不饬？"公曰："噫！信其可以缓？"于是庀工为祠堂，且使春秋修其常事。堂成，具三献焉，笾豆有列，傧相有位，百年之废，一日而举。

学士大夫观礼祠下，咨嗟涕洟。有言者曰："惟夫子生于乱世，周流齐鲁宋卫之间，无所不仕。其弟子之高第亦咸仕于诸国。宰我仕齐，子贡、冉有、子游仕鲁，季路仕卫，子夏仕魏，弟子之仕者亦众矣。然其称德行者四人，独仲弓尝为季氏宰，其上三人皆未尝仕。季氏尝欲以闵子为费宰，闵子辞曰：'如有复我者，则吾必在汶上矣。'且以夫子之贤，犹不以仕为污也，而三子之不仕，独何欤？"

言未卒，有应者曰："子独不见夫适东海者乎？望之茫洋不知其边，即之汗漫不测其深，其舟如蔽天之山，其帆如浮空之云，然后履风涛而不偾，触蛟蜃而不奢，若夫以江河之舟楫而跨东海之难，则亦十里而返，百里而溺，不足以经万里之害矣。方周之衰，礼乐崩弛，天下大坏，而有欲救之，譬如涉海，有甚焉者。今夫子之不顾而仕，则其舟楫足恃也。诸子之汲汲而忘返，盖亦有陋舟而将试焉，则亦随其力之所及而已矣。若夫三子，愿为夫子而未能，下顾诸子而以为不足为也，是以止而有待。夫子尝曰：'世之学柳下惠者，未有若鲁独居之男子。'吾于三子亦云。"

众曰："然。"退而书之，遂刻于石。

这篇文章记述了齐州闵子祠的修建背景和过程，并对闵子骞不仕的行为进行辨析。认为闵子骞不仕不是因为不愿匡济时世，而是周道大衰，礼崩乐坏，闵子骞自度才不足以救世，恐为世道所污，因此宁

127

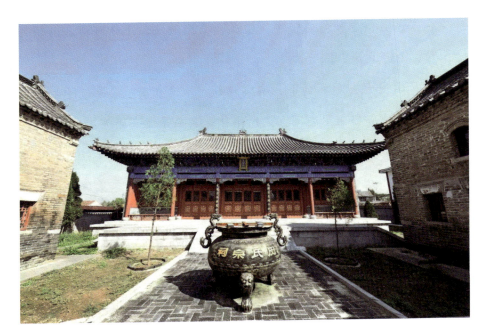

闵子祠

可隐逸不仕，独善其身。孔子赞扬闵子骞说："那些效仿柳下惠出仕的人，不如在鲁国独居的闵子骞。"苏辙也肯定了闵子骞的高洁品行。闵子骞的品行深刻影响了后人。

元代诗人胡祇遹写过《题闵子祠碑阴》二首，其一云：

圣门七十子，入道何殊形。

善诱亦善学，各因其所明。

柴愚与参鲁，一唯岂徒膺。

贤哉子闵子，以孝趋圣庭。

直差颜子肩，竟以德见称。

孟氏具体贤，至论岂阿情。

区区季氏宰，何物来缠萦。

余光千万载，炳炳垂日星。

我来拜祠下，丰碑刻新铭。

乌王二贤侯，为政知重轻。

坐令此邦人，务本羞径行。

大哉尧舜道，始于事父兄。

其二云：

古人严事神，报效勋与德。

叔世侥幸心，妄为祸福惑。

祀典久衰讹，淫祠委丛立。

诡怪杂凶妖，巫觋增蠡肸。

西乡箫鼓喧，东社羊豕集。

有司不知禁，敬奉翻踧踖。

坐视贤圣祠，风雨摧破壁。

我登闵子堂，拜抃三叹息。

历人知敬公，于公定何乞。

悠然汶上行，不忍污借贼。

亲踈无间言，至行贻世则。

二善能傲公，厚福非神锡。

在公何亏增，齐俗粗有识。

南山细如砺，尚作丽牲石。

明代诗人李化龙作《闵子墓》诗：

逃名非所愿，不仕季孙家。

凤去千寻览，麟亡异代嗟。

村溪通汶水，野岸滚芦花。

一下椒浆奠，清风遍海涯。

明代诗人葛震甫作《谒闵子祠》：

广路列丰碑，高坟貌古祠。

尘边下马客，枝上哺乌儿。

必汶辞他复，同颜发圣思。

三千年以后，孝治有余师。

明代状元商辂有诗《望闵子庙》：

汶水入河流，遥环闵子丘。

不缘辞使命，谁识胜由求。

栋笺栖乌陌，芦花落雁洲。

肃瞻清庙近，征盖一为收。

除了诗文之外，闵子骞的先贤遗迹也分布在全国各地，山东鱼台县有闵子祠，山东济南市有闵子骞墓，河南范县也有闵子骞墓一处，安徽宿州市现存闵子祠和闵子墓。无言的古迹静静诉说着先贤的品德和智慧，以供后人效法瞻仰。

践行仁政、治理有方的宓子贱

宓子贱（公元前521年或公元前502年—公元前445年），名不齐，字子贱，春秋末年鲁国人，孔子的得意门生，孔门七十二贤之一。曾任单父（鲁国地名）宰。

他注意修养，有君子之德，孔子称赞他为"君子哉若人"。《吕氏春秋·察贤》记载，他为单父宰时，用"无为而治"的办法来治理，结果是"身不下堂而单父治"。当他向孔子述其政绩以后，孔子称赞说："惜哉！不齐所治者小，所治者大则庶几矣。"（《史记·仲尼弟子列传》），意即宓子贱还可以做更大的官。

宓子贱像

《孔子家语·辩政第十四》记载了孔子问宓子贱如何治理单父：

> 孔子谓宓子贱曰："子治单父，众悦，子何施而得之也？子语丘所以为之者。"对曰："不齐之治也，父恤其子，其子恤诸孤而哀丧纪。"孔子曰："善。小节也，小民附矣，犹未足也。"曰："不齐所父事者三人，所兄事者五人，所友事者十一人。"孔子曰："父事三人，可以教孝矣；兄事五人，可以教悌矣；友事十一人，可以举善矣。中节也，中人附矣，犹未足也。"曰："此地民有贤于不齐者五人，不齐事之而禀度焉，皆教不齐之道。"孔子叹曰："其大者乃于此乎有矣！昔尧舜听天下，务求贤以自辅。夫贤者，百福之宗也，神明之主也。惜乎不齐之所以治者小也。"

据杨朝明、宋立林主编《孔子家语通解》的解释，孔子对宓子贱说："你治理单父，那里的百姓都心悦诚服。你是如何施政而得到他们的拥护的？请你告诉我是如何做的。"宓子贱回答说："我治理单父的方法，就像父亲一样爱恤他们的儿子，又像他们的儿子一样爱恤所有的孤儿，并且深深地哀悼他们的丧事。"孔子说："好。不过，这些都是小的方面，能使一般的民众亲附，这还做得不够。"宓子贱说："被我当作父亲那样来侍奉的有三人，当作兄长那样来侍奉的有五人，被我像朋友一样对待的有十一人。"孔子说："像对待父亲那样来侍奉的有三人，这可以教化人们敦守孝道；像对待兄长那样来侍奉的有五人，可以教化人们敬爱兄长；像朋友一样对待的有十一人，可用来推荐德才兼备的人。这都是中等的善行，能使中等平常的人亲附，但做得还是不够。"宓子贱说："这个地方有五位比我贤明的人,我侍奉他们并且能接受他们的教诲,他们都教给我为政的方法。"孔子叹息说："成就大业的关键,就在这里显示出来了啊!从前尧、舜治理天下,一定搜求贤人来辅佐自己。贤人是能得到各种福佑的本源,是能掌宰神明的根本。可惜啊,不齐治理的地方太小了。"

《孔子家语》中还记载了关于宓子贱的其他轶事:

> 孔子兄子有孔篾者,与宓子贱偕仕。孔子往过孔篾,而问之曰:"自汝之仕,何得何亡?"对曰:"未有所得,而所亡者三,王事若龙,学焉得习,是学不得明也;俸禄少饘粥,不及亲戚,是以骨肉益疏也;公事多急,不得吊死问疾,是朋友之道阙也。其所亡者三,即谓此也。"孔子不悦,往过子贱,问如孔篾。对曰:"自来仕者无所亡,其有所得者三,始诵之,今得而行之,是学益明也;俸禄所供,被及亲戚,是骨肉益亲也;虽有公事,而兼以吊死问疾,是朋友笃也。"孔子喟然,谓子贱曰:"君子哉若人!鲁无君子者,则子贱焉取此?"

另有《吕氏春秋》文献记载:"宓子贱治亶父,恐鲁君之听谗人,而令己不得行其术也。将辞而行,请近吏二人于鲁君,与之俱至于亶父。邑吏皆朝,宓子贱令吏二人书。吏方将书,宓子贱从旁时掣摇其肘。吏书之不善,则宓子贱为之怒。吏甚患之,辞而请归。宓子贱曰:'子之书甚不善,子勉归矣。'二吏归报于君,曰:'宓子不可为书。'君曰:'何故?'吏对曰:'宓子使臣书,而时掣摇臣之肘,书恶而有甚怒，吏皆笑宓子，此臣所以辞而去也。'鲁君太息而叹曰：'宓子以此谏寡人之不肖也。寡人之乱子，而令宓子不得行其术，必数有之矣。微二人，寡人几过。'遂发所爱，而令之亶父，告宓子曰：'自今以来，亶父非寡人之有也，子之有也。有便于亶父者，子决为之矣。五岁而言其要。'宓子敬诺，乃得行其术于亶父。"

唐开元二十七年（739年），朝廷追封宓子贱为"单伯"；宋大中祥符二年（1009年），宋真宗加封宓子贱为"单父侯"；明嘉靖九年（1530年），朝廷称其为"先贤宓子"。

勤学好问、文武双全的樊子迟

樊迟（公元前505年—公元前454年），名须，字子迟，春秋末鲁国人，孔子学生。

樊子迟像

樊子祠

　　樊子迟少孔子四十六岁，十八岁时，曾去曲阜拜孔子为师，但当时因孔子周游列国未回，未能如愿。后同冉求仕于季孙氏，深得冉求信任。鲁哀公十一年（公元前484年）春，齐伐鲁，冉求率左师御齐，樊子迟为副将，他作战勇猛，率师冲入齐军，大败齐师，取得胜利，立了战功。当年秋，孔子回鲁，收樊子迟为徒，樊子迟为孔子赶车，不离孔子左右，是孔子晚年得意弟子之一。

　　樊子迟勤学好问，求知心切，曾三问孔子"孝""仁""智"，当面向孔子请教种田种菜；在陪孔子游舞雩台时还向老师请教"崇德""修慝""辨惑"等问题。仅三年，樊子迟就精通礼、乐、射、御、书、数六艺。

樊迟问知，子曰："务民之义，敬鬼神而远之，可谓知矣。"问仁，曰："仁者先难而后获，可谓仁矣。"（《论语·雍也》）

樊迟问仁，子曰："爱人。"问知，子曰："知人。"樊迟未达。子曰："举直错诸枉，能使枉者直。"樊迟退，见子夏。曰："乡也，吾见于夫子而问知，子曰，'举直错诸枉，能使枉者直'，何谓也？"子夏曰："富哉言乎！舜有天下，选于众，举皋陶，不仁者远矣。汤有天下，选于众，举伊尹，不仁者远矣。"（《论语·颜渊》）

按《论语集注》，曾氏曰："迟之意，盖以爱欲其周，而知有所择，故疑二者之相悖尔。"似乎又在说二者之不同。于是孔子再作解释。按《论语集注》，朱子曰："举直错枉者，知也。使枉者直，则仁矣。如此，则二者不惟不相悖而反相为用矣。"可惜樊迟还是没弄明白。按《论语集注》，朱子曰："迟以夫子之言，专为知者之事。又未达所以能使枉者直之理。"于是子夏再作解释，这才算说清楚了。知与仁原来是一致的。

樊迟问仁，子曰："居处恭，执事敬，与人忠。虽之夷狄，不可弃也。"（《论语·子路》）

按《论语集注》，朱子曰："恭主容，敬主事。恭见于外，敬主乎中。之夷狄不可弃，勉其固守而勿失也。"

《论语·颜渊》载："樊迟从游于舞雩之下，曰：'敢问崇德、修慝、辨惑。'子曰：'善哉问！先事后得，非崇德与？攻其恶，无攻人之恶，非修慝与？一朝之忿，忘其身，以及其亲，非惑与？'"

樊子迟为学"不耻下问"恰恰是最值得我们学习的地方，"既问于师，又辨诸友，当时学者之务实也如是"（朱熹《论语集注》中引尹氏语）。

樊子迟继承孔子兴办私学，在儒家学派广受推崇的各个朝代享有较高礼遇：东汉明帝永平十五年（72年），朝廷祭祀孔子及七十二弟子，樊子迟是其中之一；唐玄宗开元二十七年（739年），朝廷封樊子迟为"樊伯"；大中祥符二年（1009年），宋真宗加封樊子迟"益都侯"；宋度宗咸淳三年（1267年），樊子迟以"益都侯"从祀孔子；明代称樊子迟为"先贤樊子"。

孝贤文化的现代价值

孝贤文化是中国传统文化的重要组成部分，影响了几千年来中国社会生活的方方面面。直至今日，我们步入现代社会，在物质生活极大丰裕的同时，一部分人却面临着因社会变迁过快带来的价值失序、信仰缺失、自我迷失等种种精神问题。因此，弘扬孝贤文化对建设社会主义精神文明，构建和谐家庭、和谐社会有着重大的现实意义。孝贤文化作为中华民族的优秀传统文化，什么时候都不应该丢弃。

孝贤文化与地方治理

自古以来，孝在我国便绝不仅仅是对个人的道德品质要求，更是关乎国家政治运转机制的政治伦理。孝与贤紧密地联系在一起，孝敬父母的人经过选拔推举可以成为国家的贤才，而国家的贤才必须具有孝的品质，否则能力再大也会遭人非议。明万历时期的首辅张居正便因为父死没有服丧三年而被当时的言官多次弹劾。步入现代以后，孝虽然不再作为选拔人才的直接标准，但仍然是判断个人道德品质、社会公序良俗的一个重要标志。因此，对孝与贤进行现代化创新改造，发展出社会主义核心价值观引领下的孝贤文化，是推动地方治理能力

鱼台孝贤文化基地

现代化、推动现代文明进步的重要手段。

发扬孝贤文化可以加强地方人文关怀，从而汇集人才，推动地方发展。判断一个社会文明程度最简单的办法便是对待弱者的态度。老人作为人类社会中普遍意义上的弱势群体，在体力、精力、智力等各个方面都比不上青年人。如何让为社会奉献了大半辈子的老年人安享晚年，是现代社会亟须解决的问题，而孝贤文化正好为此提供了一个可以参考的解决方案。《孟子·离娄章句上》中曾记载了这样一个故事：

伯夷辟纣，居北海之滨，闻文王作，兴曰："盍归乎来！吾闻西伯善养老者。"太公辟纣，居东海之滨，闻文王作，兴曰："盍归乎来！吾闻西伯善养老者。"二老者，天下之大老也，而归之，是天下之父归之也。天下之父归之，其子焉往？诸侯有行文王之政者，七年之内，必为政于天下矣。

139

伯夷和姜太公都是当时的贤人、老者，为了逃避纣王的暴政而居住在大海之滨。他们听说周文王善待奉养老人，于是来到周文王的治下生活。以二人为表率，天下的人才纷纷向往周文王的善政，周国的实力也越来越强，"三分天下有其二"，最终推翻了商朝的统治。每个人都会变老，每个人都有父母。因为想让自己的晚年有保障，所以会前往善待老人的地方生活；因为怀有孝心，所以想让自己的父母在善待老人的地方生活。孝贤文化提倡人们怀敬老爱老之心，让老人等弱势群体健康幸福地生活。人是生产力中最活跃的因素，发扬孝贤文化，必定会吸引众多贤人、老者慕名前去居住，这既是顺应人心民情的好事，又是汇聚人才，促进地方发展的重要举措。《礼记·礼运》中对此有精彩论述："故人不独亲其亲，不独子其子，使老有所终，壮有所用，幼有所长，鳏寡孤独废疾者，皆有所养。"孝贤文化发展到极致便是人人都自觉善待他人的父母孩子，实现大同社会。

发扬孝贤文化可以弘扬传统美德，敦厚风俗，推动以德治国和依法治国相结合。"风俗者，天下之大事"，《论语》中也提道，"道之以政，齐之以刑，民免而无耻；道之以德，齐之以礼，有耻且格"。法律是成文的道德，道德是内心的法律。法律的有效实施有赖于道德支撑，道德的践行也离不开法律约束。法治和德治相互补充、相互促进、相得益彰，二者是辩证统一的关系。道德为法治创造良好人文环境。制度需要人来执行，好的制度是不会自动变成现实的。人们只有在道德认知与道德情感的共同作用下，才能建立和强化法治信念。法律和道德，一个是硬约束、一个是软约束，一个是他律、一个是自

第三届中国（鱼台）孝贤文化节开幕式现场

律，仅仅依靠强力推行的外在制约会削弱人的自觉性。道德则将外在的法律规范转化为内在的自我约束，促使人们主动认识自己的责任与义务、自愿选择有道德的行为。一个人的道德觉悟提升了，就会自觉尊法学法守法用法；全社会的道德水准提升了，法治建设才会有坚实的基础。而孝贤文化恰恰可以让人人思慕贤人，培养高尚的道德情操。"夫孝，德之本也，教之所由生。"几千年来，社会对青少年的教育多以孝为切入点，发蒙开篇便是"第一当知孝，原为百善先"。这种建立在儒家孝道教育思想之上的中国传统教育，是建构当代社会时代精神的重要文化资源。无数的理论和实践证明，发扬孝贤文化是美风俗、厚道德的重要举措。发扬孝贤文化，可以显著提高地方的法治和德治水平。

　　发扬孝贤文化可以增强个人的使命感和责任感，推动个人参与政治、经济、文化建设的积极性和主体性。孝贤文化作为儒家文化的重要内容，与道家、佛家等遁世归隐的思潮不同，它鼓励人们勇于承担自己的社会责任，扮演好自己的社会角色。孝贤文化要求人们"承志、立身"，实际上就是要求子女要继承先祖遗志，刚健有为，自强不息，在善事父母、继志述事的基础上，竭尽全力，入世"公忠"，建功立业，践行责任。孟子说："老吾老以及人之老，幼吾幼以及人之幼。"孝贤文化要求人们不但要敬爱自己的父母兄长，而且要用同样的感情去对待他人和社会。孝延伸为孝悌，又从亲戚血缘关系扩展到邻里乃至社会，进而变为孝贤。以孝贤文化的和谐理念为指导，人们在生活中交流互动，在工作中互帮互助，可以给社会生活增加亲切感。孝贤

其乐融融

文化主张亲亲、尊祖、敬宗、收族，收族故宗庙严，宗庙严故重社稷，这实际讲的是对亲人的眷恋和对祖国人民的热爱。在传统孝贤文化中，敬祖也是爱国，爱国心与孝心紧紧联系在一起，孝心是爱国报国心的根源。

百善孝为先。有效维护老年人合法权益，消除老年人后顾之忧，鱼台县走出破解农村养老难题新路径，通过签订《赡养老人三方协议》，建设名副其实的"孝贤故里"，筑牢维护老年人权益的"四梁八柱"。鱼台县以法德结合，把赡养老人由老人与子女间的"私事"变成村委会与子女间的"公事"，推动"孝贤鱼台"建设"有名有实"。鱼台县不断加大典型挖掘培塑力度，为打造"孝贤鱼台"品牌提供先进榜样。通过举行"感动鱼台·十大孝贤人物""道德模范""好媳妇、好婆婆""模范两长""优秀两长""见义勇为""孝贤之星"等典型的评选表彰，树立一批尊老爱幼、孝老爱亲等先进人物，汇聚道德建设正能量。县乡村三级开展"好媳妇"评选活动，并召开高规格的全县表彰大会，进一步弘扬了孝贤家风，传递了崇德向善的正能量。

孝贤文化与文化建设

相较于从功利主义的角度谈孝贤文化在当代社会中的作用，孝贤文化在精神层面的意义更不容小视。梁漱溟说，文化归根到底也就是"人的生活样式"。要联系人的活动方式和过程，注重人的"生活样式"来理解文化。关注文化，即关注人本身，是以人为本的最直接体现。

　　发扬孝贤文化是赓续中华文脉、传承中华优秀传统文化的必然举措。一个国家，一个民族，要生存、要发展，要屹立于世界民族之林，就必须依靠本民族在长期探索中形成的独特文化来支撑。行进的中国，必须大力弘扬优秀传统文化的精华，兼容并蓄，继承创新。对于孝贤文化，首先要客观公正，予以尊重。孝贤文化既是随着家庭和社会发展需要应运而生的，又是基于解决宗法血缘家庭关系中的人伦而存在的，其作为中国传统文化中宝贵遗产的一部分，体现和展示着人们对人生的思考和智慧，理应成为人类传统重建中的重要内容之一。从我国社会主义精神文明建设的需求和面临的现实看，重塑与重建具有中国特色的现代道德文化体系和体现时代精神的伦理精神，是每一个中国人所面临的道德选择。孝贤文化中重根源、主入世的精神，对加强中华各民族的团结，齐心协力进行社会主义现代化建设，起着溯宗归祖和凝聚性的作用。

　　发扬孝贤文化可以增强人们的幸福感和归属感，缓解因社会快速变迁而导致的个人迷失与"现代性"意识危机。"慎终追远，民德归厚矣。"孔子反对事鬼，主张"敬鬼神而远之"（《论语·雍也》），但他讲究祭祀，视祭祀为孝的内容并加以倡导。孔子主张"孝敬"父母的内容之一，就是死后要"葬之以礼，祭之以礼"（《论语·为政》），依他的解释，祭祀仅仅是后人为思念祖先的一种纪念方式和教化的手段。那为何需要这种手段呢？《论语·阳货》中记载，弟子宰我问孔子"三年之丧，期已久矣"，理由是"君子三年不为礼，礼必坏；三年不为乐，乐必崩"，主张改为一年就可以了。孔子认为"予之不仁也！子生三年，然后免于父母之怀。夫三年之丧，天下通丧，予也有三年之爱于其父母乎！"孔子坚持"三年之丧"，就是因为子女生下来，需三年的抚养才能完全脱离父母的怀抱，替父母守孝三年，是为报答父母的"三年之爱"。这就从普遍和永久的意义上同时为孝增添了亲情和道德的因素。在新时代，人们更需要从传统文化中寻求精神滋养。以"孝"为基础的孝贤文化，对个人安身立命和道德自律的人文关怀，对现代人的家庭建设和个体的精神家园的安顿，是有所启示和裨益的。这也正是孝贤文化在现代社会中的重要价值所在。

鱼台县充分利用深厚的孝贤文化资源，深化孝贤文化研究，成立闵子骞、宓子贱、樊子迟等孝贤文化研究会，深入挖掘古迹遗址、民俗风情、历史传说、名人名篇等孝贤资源，通过举办孝贤文化研讨会，出版发行《孝贤故里论坛论文集》《孝贤故里·孝贤故事》连环画册等研究成果，做好思想与学术交流；成立孝贤书院，聘请杨朝明为荣誉院长，统筹集中孝贤文化资源，共同推动鱼台孝贤文化整体发展，为孝贤文化奠定坚实的文化资源基础。

孝贤文化主题公园

首届中国（鱼台）孝贤文化节开幕式现场

不仅如此，鱼台县连续多年举办中国（鱼台）孝贤文化节，在全县开展"百千万孝德工程"建设活动，评选鱼台县"十大孝贤人物"；通过孝贤文化主题公园、孝贤阁等场所建设，进一步打响"孝贤鱼台"品牌；持续弘扬"孝贤家风"特色文化，深入推进"鱼家美院"提质增效工程，推动移风易俗和乡风文明建设。

中国（鱼台）孝贤文化节的成功举办，是鱼台县文化建设成果的一次检验，是文化强县战略的进一步深化和提升。

一是推动了经济社会发展。中国（鱼台）孝贤文化节紧紧围绕"文化搭台、经济唱戏"的理念，以打造孝贤文化和"孝贤故里"两大品牌为目标，通过办节，鱼台县成功推动了生态旅游、文化等产业的快速发展，有效地展示了经济社会的发展成果，推进了文化强县建设。

二是充分满足了群众精神文化需求。通过文化活动，激发人民群众积极参与的热情和团结奋斗的意志，更好地建设富裕文明和谐新鱼台。

三是进一步弘扬了中华优秀传统文化。连续开展"感动鱼台·十大孝贤人物""七十二孝贤人物"和"好媳妇、好婆婆"等系列评选表彰活动，为广大干部群众树立了榜样，在全县营造了人人敬老、争做孝贤的浓厚氛围。

孝贤文化的现代价值

魅力鱼台：丰富多样的文化生活

独特的水域风貌塑造了古今鱼台的自然景观，悠久的历史文化铸造了闻名遐迩的县域文化名片。立足北土，因水而生。这一地理环境基础深刻影响着县域内人们的生产生活，形成了特色的饮食文化。在这里，我们领略南四湖畔的自然风光，聆听古人先贤的言行事迹；在这里，我们品尝稻米的清香、龙虾的肥美，感受来自水域的馈赠；在这里，我们不仅为梁公砚的制作精妙而感叹，也在闵子骞与焦花女的故事中寻求儒家传统文化的当代意义。

古今鱼台的自然人文景观

　　评定出一定地域内的特色景致，冠之以"八景""十景"，是古代各地约定俗成的传统，也是地方人文的一种历史体现。浩如烟海的明清方志中保存了大量的"八景"信息，形成了内涵丰富的"八景"文化和"八景"现象。鱼台也不例外，从旧"十景"到新"八景"，所

廊桥月夜

反映的是明中后期以来鱼台县湖区的逐渐扩展及由此而来的境内自然景观变迁。这一湖泊水域特征不仅形塑了古代自然景观，亦为今日的区域景观资源开发留下了宝贵遗产。源远流长的历史为鱼台留下众多的人文遗迹，论其著者当属"观鱼遗迹"与"五里三贤"，二者作为鱼台人文的名片而为人所铭记与传扬。

鱼台"十景"与"八景"

地方志"八景"是对当地自然、人文现象的摹写，具有浓郁的地域特色，往往能够反映区域的环境变迁，折射出其独有的审美趣味和人文思想。随着县城迁徙及自然人文环境的历史演变，志书中所载鱼台古景的数量和名称也有所变更。康熙《鱼台县志》记载了"鱼台十景"，源于明代旧志，志书"艺文"中亦载有歌咏"鱼台十景"的七言律诗十首，创作于明成化年间。乾隆年间，"鱼台十景"更为"鱼台八景"，光绪年间"八景"又有变动。

明代"鱼台十景"

龙台飞雨　龙台在王庙镇旧县治文庙前，台上有井，逢阴雨则井内游鱼浮起，升腾于云雾之中，相传为龙所化，飞雨盖飞鱼之讹。后台上建文昌阁，井覆于台下。

郎桥夜月　郎桥在王庙镇旧县治西门达汴门外，相传春秋时此处为郎地，故称此桥为"郎桥"，桥下之沟称作"郎沟"。每逢月夜，光生如匹练，水月相辉，漫步桥上，如梦如幻。

鱼棠遗迹　即武棠亭观鱼台。

谷亭晚渡　谷庭城后称谷亭，位于菏水、泗水之交，元代京杭运河开通后，成为漕运咽喉，嘉靖以前谷亭镇为运河沿线重镇之一。其时士商辐辏，日升月落之际，人马蚁集，篙橹鳞交，不亚都会。

菏河归帆　菏水故道在王庙镇旧县治南七里，宋代官府为了运输江南的军粮，疏浚菏水以转漕运，菏水联通泗水与五丈河，为北宋漕运要道之一。其时"舸舳上下，帆影参差"，为境内之佳致。

栖霞返照　李阁镇之栖霞堌堆，为龙山文化遗址，唐代时建有栖霞寺，并置鼓楼。夕阳西下之时，寺西南之鼓楼仍有余晖，登临西眺，可见夕阳光辉穿过远处山谷反射而来，遂名为"栖霞返照"。

柳店春风　柳店，即今李阁镇柳店村。居人多姓柳，传谓薛仁贵妻柳应春故里。旁有御葬，古碑没土中，无从考证。古有大柳树一株，其下冬不积雪，其芽迎春先舒；又有大杏树一株，花开先于他处。故古有"春风先至柳店铺"之说。

金莎晓行　金莎岭西起曹县、定陶，东至王庙镇旧县治西，蜿蜒起伏，因地异名。岭上多莎草，色艳如金。光绪年间"莎岭渐平"。

凫山积翠　凫山旧属鱼台，在县境东北部。因双峰耸秀，状若凫翔，故名。凫山古迹甚多，如伏羲庙、玉虚宫、吕公洞等。山石积苔斑，望之葱翠。

古塔凌云　古塔地处明觉寺，元代移建于县城东南，明清多次重修，为县僧会司所在地。相传古塔出云则雨，故林琰诗有"绕汉无心常霭霭，从龙有意任飞飞"之句。近在王庙镇旧城附近发现明觉寺寺碑及经幢塔构件。

凫山积翠（清乾隆《鱼台县志》）

乾隆年间"鱼台八景"

乾隆年间，更定为"鱼台八景"。其中观鱼遗迹、宁母古亭、凫峰积翠、金莎映日等四景，只是对原有景点略改名号，新列入者有湖陵秋泛、独山春涨、城浦晴烟、长桥卧波等四景。

湖陵秋泛　湖陵城址旧属鱼台，现属微山县张楼镇，原名程子庙，今更名湖陵村。湖陵故城地势低洼，每至秋涝水集之时，叠浪层波，漾洄如练，水乡泽国，四望无际。居古城动思古之幽情，观湖光而喟沧海桑田。后地势渐次淤抬，至光绪时期，"湖陵水涸"。

独山春涨　湖水环绕独山，山下数百家多以捕鱼为业。每暮春水涨，澄波万顷，渔舟出没，随波上下，夹岸桃李斗艳争芳，浦菰（借

154

湖陵秋泛（清乾隆《鱼台县志》）

独山春涨（清乾隆《鱼台县志》）

城浦晴烟（清乾隆《鱼台县志》）

长桥卧波（清乾隆《鱼台县志》）

指湖泽）拖青带绿。登临独山，近观荷花绕岸，远望水波汪洋，湖光山色尽收眼底，令人有心旷神怡之感。

城浦晴烟　"郎桥夜月"到乾隆时已不存，原址附近成为"水绕城浦，烟水苍茫之地"，故更名为"城浦晴烟"。浦菰满岸，渔舟往来，仍然是风景优美的胜游之地。

长桥卧波　长桥即马公桥，为康熙间知县马得祯所建，位于南阳岛西南方直通当时鱼台县城的要道上，后世多次增修，旧为南阳、昭阳二湖分界。马公桥迤逦于万顷波涛之中，宛若长虹，诚属盛景，今没湖中。近年在南阳岛西南湖中曾发现大量规整石料，应为原马公桥构件。

光绪年间"鱼台八景"

光绪年间重定八景，保留观鱼遗迹、宁母古亭、长桥卧波、凫峰积翠、城浦晴烟、独山春涨（更为独山冲涨）等六景，另增入危楼冠堞、杰阁跨河二景。

危楼冠堞　"危楼"即鱼城镇旧县治东门内魁星楼，堞指城墙上如齿状之矮墙。魁星楼高出城墙，是为"冠堞"。楼上窗户镶嵌玻璃，檐挂风铃，音韵和雅。

杰阁跨河　杰阁即南阳镇文昌阁，乾隆三十七年（1772年）建，今无存。旧志谓其"右跨漕河，左抱独山，气凌霄汉，星联魁斗。登其上而凫山，长桥一览无余，真形胜之区也"。

以上景观，在古方志中都留有写意插图，且有古人吟咏之作。岁月沧桑，古景至今多难觅踪迹，徒留古志中水墨画卷，成为让后人感慨的地方人文记忆。

微山湖畔的惠河湿地风光

　　鱼台县惠河湿地生态旅游区位于鱼台县王鲁镇，微山湖西部，在南四湖省级自然保护区内，面积11000余亩。湿地水清草绿，植物长势茂盛，生物多样性明显，鱼、虾、鳖、蟹种类与数量繁多，多种水鸟汇集于此，形成了"一湖清水、三季花香、四季鸟鸣、鹰击长空、鱼翔浅底"的优美湿地生态景观，鱼台"滨湖水城"的城市生态名片愈发亮眼。

　　惠河纵贯鱼台中部，沿途流经董家店、黄台古城、鱼台遗迹、运河古镇等多处历史文化遗址。惠河沿线旅游资源富集，有惠河湿地、旧城海子、桃花源等多处重点景区。惠河两岸种植水杉、中山杉7800余棵，林下种植芍药，河滩种植莲藕、油葵、油菜，田埂种植连翘，三季有花、四季有景的生态景观已形成。河两岸新建驿站，堤顶路拓

惠河湿地，风光如画

宽至 10 米，连通惠河湿地—鱼稼里—旧城海子旅游带，一条碧水，两岸秋色，形成了水清、岸绿、河畅的绿色廊道。可见，鱼台县全域水系生态综合治理成效明显。

惠河湿地承载了鱼台的四季，春天的萌芽生长，夏天的热闹喧嚣，秋天的诗意荡漾，冬天的宁静安详。春天可听百鸟争鸣，观百花斗艳；夏天可赏荷采莲，怡然垂钓；秋季可摘菱收芡，观芦花鹭影；冬季可欣赏芦苇摇曳，野鸭翻飞。

深秋时节，湿地层林尽染，风景赏心悦目。

黎明，氤氲的薄雾笼罩着一切，赋予景物以朦胧的美感，江船穿行于薄雾中，渐行渐远，融入水天一色。

日出，薄雾散去，秋天的景色尽在眼前，秋林转黄，绿意中多了一份宁静。

这样的秋天，邀三五好友，或携爱人前往，又或是亲子相聚，于休息的午后，或于林间慢道悠闲地散步，不必全程，兴尽可归；或于水边寻一静处，观芦花鹭影，听秋水绵绵；又或与亲子踏车而行，享受天伦之乐……这样的生活怎能不让人向往？

徜徉在这秋日里，天高云淡，襟怀也变得舒畅，远离喧嚣，宠辱偕忘。

人生惬意也不过如此。

观鱼旧迹、"五里三贤"圣门祠庙

悠久的历史塑造了灿烂的地方文化，往者已矣，然其流风遗韵，亦可供后人追慕与凭吊。古今鱼台的人文景观遗迹之最为人所称道者，一为"观鱼旧迹"，一为"五里三贤"圣门祠庙。

观鱼旧迹

公元前718年，鲁隐公至棠地观鱼。隐公观鱼为古代射鱼礼之反映，经传注解所谓"矢鱼""陈鱼""观鱼"是其依次进行的仪节内容。传统射鱼礼于季春或者季冬举行，地点选在都城城郊。一般川泽之鱼有专人掌管，国君不应再亲射、亲观。隐公行至远离都城的西南边地棠地，是故臧僖伯以为违礼而不愿从行。鲁隐公初年修筑郎城、灭极国，其地点与棠地相距甚近，且此地又与宋国、戎国相邻，因而隐公五年（公元前718年）春矢鱼于棠，带有巡视边地的目的。

武棠亭遗址位于鱼台县张黄镇武台村西，即春秋时期棠地，古菏水流经其旁。《水经注》所载，观鱼台高二丈许，下临菏水；《太平寰宇记》称其高一丈五尺，周回一里。唐代宗即位后，方与县改称鱼台县，亦以此为凭依。观鱼台上现存鲁隐公观鱼处碑，碑阳文字为崇祯九年（1636年）所刻，碑阴刻有《重建武唐亭鲁侯观鱼处记》，为清雍正三年（1725年）撰文。台上原有古柏100余棵，历经沧桑，现存14棵。据现代考古发掘及测量，武棠亭遗址面积1.2公顷，南北长125米，东西宽96米，高3米。土层为黑花土、灰土、黑淤土。出土文物有鬲足、鼎腿，及粗、细绳纹陶器片等。北部断崖处，曾出土商代石器；西北部顶至1.5米处，曾挖出石匣墓，墓中有汉代陶器和汉画像石。

孝贤故事"棠邑观鱼"

孝贤故事"齐赞棠邑"

惠河入湖口连接着惠河湿地、鱼稼里广场、滨湖大道，成为一个水陆交通枢纽

超化寺位于遗址之上，坐北朝南，有山门（天王殿）、武棠亭（鲁隐公观鱼处碑所在地）、伽蓝殿，东侧有观音殿、寮房和碑廊，西侧有寮房。超化寺始建于唐咸通五年（864年），先时殿宇僧舍峻整，僧众数百。至明弘治初年，寺倾圮过半。正德年间，僧人宗昭（俗姓樊）费资百金重修，建伽蓝殿3间，然塑像未成即为流民起事所毁。及嘉靖年间，樊骥、樊骐兄弟出资重修殿宇，塑佛像，由邑人王秀民撰文于殿侧立碑记之，名为《重修伽蓝殿记》（见《康熙鱼台县志》）。2006年重修伽蓝殿。

"五里三贤"圣门祠庙

"三贤"是指闵子骞、樊子迟、宓子贱，皆为孔门弟子。今鱼台县有樊迟墓、闵子祠、宓家堌堆，距离甚近，县内又有樊氏与闵氏后人，相传"三贤"曾居此处，传道设教，故称"五里三贤"。

孔门弟子中，闵子骞的孝悌之德尤为世人所称颂。孔子赞扬说："孝哉！闵子骞，人不间于其父母昆弟之言。"后世传其"芦衣顺母"事迹。元人辑录"二十四孝"，子骞居其一。他品行高洁，"不仕大夫，不食污君之禄"。季氏请其为"费宰"，他断然谢绝。唐开元间，闵子骞被列为"十哲"之一，配享孔庙，后又追封为"费侯"。北宋大中祥符二年（1009年），追封"琅琊公"。南宋咸淳三年（1267年），又改封为"费公"。明嘉靖九年（1530年），改称为先贤闵子。

历代王朝除尊崇孔子并加恩于其嫡裔子孙外，对先贤先儒以及其嫡系裔孙也加以推崇和封赐。博士为古代学官名，明代仿照衍圣公设置世袭翰林院五经博士，优给先贤先儒后裔，为正八品，主祭祀、看护林庙，不治事；清代承而广之。至嘉庆年间，翰林院世袭五经博士已经形成包括孔氏南、北二宗在内的20个姓氏，数量达到25个，孔氏北、南宗各一人，东野氏、姬氏、颜氏、曾氏、孟氏、仲氏、闵氏、冉氏（冉子伯牛）、冉氏（冉子仲弓）、端木氏、卜氏、言氏、颛孙氏、有氏、伏氏、韩氏、张氏、邵氏各一人，朱氏二人（徽派与闵派），关氏三人（洛阳庙祀、解州庙、当阳庙）。除孔氏北宗外，皆以嫡长子承袭。衍圣公与翰林院世袭五经博士既是圣贤地方祭祀系统，同样也是圣贤后裔宗族的管理系统。由此，民间各地方自称圣贤后裔的各宗族得到政府认可。

五经博士之外又设有奉祀生一职。明弘治年间，始为孔庙圣贤祭祀设立。清代承袭明制，奉祀生以为名臣和圣贤祭祀为主要职责，兼及祠庙的管理等工作。奉祀生设立之后，可以代代相承，清政府为规范管理，不断推出管理措施，完善奉祀生设立和承充制度。已设有世袭翰林院五经博士的先贤后裔，其宗族内仍设置有奉祀生，管理单个房间或庙宇的祭祀活动。若其庙宇在外地，世袭五经博士并不能亲临祭祀，则选择地方圣裔宗族支派的嫡系主持祠庙的祭祀。

康熙三十八年（1699年），奉祀生闵煌援例陈情，经廷臣议准，为先贤闵子骞设立博士。闵煌，济宁州籍，闵子骞六十四代孙，曾在曲阜阙里四氏学充任奉祀生，其兄闵炜之子为闵衍籀。康熙三十九年，授闵衍籀为翰林院五经博士，世袭主祀。民国三年（1914年），闵氏五经博士改为奉祀官，仍照旧例核准承袭，年俸银币百元，民国十七年停发。就其祠庙而言，宗子五经博士主祭的闵子祠在济南府城东闵子骞墓前，为宋熙宁间李肃之建。山东其他地区，加济南府城钟楼寺街、沂水县闵公山下、昌邑、费县，皆有闵子祠；河北新乐、安徽宿州亦有之，皆由奉祀生负责主祭。鱼台县闵子祠位于大闵村东部，据《光绪鱼台县志》载，系康熙六十年奉祀生闵煌所建。《阙里文献考》载，至雍正四年（1726年），闵子祠奉祀生总数已达12个。鱼台闵子祠历经兴废，现已修复一新，除主殿外，附属文物有祭田公示碑、禁演"鞭打芦花"碑等成为供人观瞻的人文景点和德育基地，并被省政府公布为文物保护单位。

樊子迟曾三次向孔子请教"仁"的问题，还问"知""崇德、修慝、辨惑"等。他有谋略，并具有勇武精神，鲁哀公十一年（公元前484年）齐师伐鲁，冉求率"左师"御敌，以樊子迟为车右。鲁军不敢过沟迎战，樊子迟建议冉求带头，冉求纳之，鲁军大获全胜。唐代称其为"樊伯"，宋封"益都侯"，明称"先贤樊子"。

樊迟墓位于鱼台县王鲁镇武台村。据雍正《山东通志》及道光《济宁直隶州志》记载，济宁州有樊垞，又名郝家村或郝稼村，相传为樊迟故里、讲书处，邹县西陶城村也有樊迟墓。鱼台县樊子祠相传修建于汉本始二年（公元前72年），后毁于兵乱。乾隆三年（1738年），知县张丕亨率樊氏后裔重修樊子墓及樊子祠，所立碑为洪水冲倒毁断，乾隆九年重立。冯振鸿任知县，再度襄修。以樊迟墓为中心，另有樊氏后人墓冢及部分明清碑刻。

宓子贱曾出任单父宰（鲁国单父邑长官），留下"鸣琴而治"的佳话。唐代追封宓子贱"单伯"，宋代加封"单父侯"，明代改称"先贤宓子"。今鱼台县大闵村西南数百米处有宓家堌堆遗址，据称原为宓氏族人聚居村落，后其族人迁徙，村落废弃。因附近村民取土之故，宓家堌堆如今已成一塘坑。

樊迟墓

樊迟墓乾隆四年残碑

今日视之，"三贤"本人的活动轨迹早已湮没在历史长河中，吉光片羽，邈远难征。后世墓祠众说并存，亦与其后裔的居住繁衍及迁徙有关。在后人的追慕与想象中，古今之间实现互动对话，作为历史叙述的或者作为历史记忆的先贤事迹被鲜活地传颂于这片土地，儒家文化中对于孝与贤的论述借此发挥其深远影响，形塑了人民的价值观念。

丰饶的珍馐饮馔

特色农产品

鱼台大米

在135天的生长周期内，稻米在微山湖水的滋养下茁壮成长，清风吹过，阵阵清香扑面。每到丰收季节，白皙剔透的稻米颗粒总能让质朴的鱼台农人感受到收获的喜悦。

鱼台县的水稻种植有着天然优势。鱼台县正处于世界水稻黄金纬度线之间，四季分明，光照充足，气候温和，县境东临微山湖，又得运河穿流，水系交错，为优质稻米的发育提供了得天独厚的条件。鱼

鱼台大米

台的水稻种植由来已久，当地的汉墓中，就曾出土过先民种植的稻谷，明清时期更有将鱼台水稻列为贡赋的记录。

鱼台大米外观呈淡青色，米粒呈椭圆形，粒大均匀，色泽透亮如玉，富含蛋白质、钙、赖氨酸与维生素等多种人体所需的营养成分；鱼台大米蒸煮时气味清香，出锅时饭粒饱满完整，口感柔软爽滑，放置一段时间也不会变硬，因此广受青睐。

当前，作为"品牌兴农"的重要突破口，鱼台的稻米产业日渐壮大。2021年，鱼台大米国家地理标志产品保护示范区获批筹建，同年，鱼台县成立国有山东鱼米农业发展有限公司，利用2万亩土地作为核心产区，一方面打造"鱼台大米·鱼稼里"品牌，推动鱼台大米走出去、走得远，另一方面通过与多家高校与科研机构的合作培育高质量水稻品种，促进稻米产业提档升级，为鱼台大米的生产保驾护航。

鱼台龙虾

鱼台龙虾个头大，体色呈纯正的青褐色，壳薄而光亮，体表干净，腹部洁白，蒸煮后甲壳呈鲜红色，肉质洁白细嫩，口感鲜美，是人们夜生活的必备佳肴。

鱼台龙虾的养殖方式采用"藕池套养龙虾模式"，借助龙虾喜欢阴凉而莲叶可为其遮阳，藕能够净化水质，龙虾排泄物可为藕塘增加有机肥料的特点，实现莲藕、龙虾互利双增收，实现生态养殖的理想效果。

目前，鱼台县人工养殖龙虾已历20余年，主要聚集在张黄、王庙、

龙虾盛宴

唐马、谷亭及沿湖一带，被中国渔业协会授予"中国生态龙虾之乡"称号。2008年，鱼台龙虾获得济宁市渔业"八大品牌"之一；2011年，鱼台龙虾被农业部认定为国家地理标志保护产品；2018年，鱼台龙虾入选"济宁礼飨"区域品牌；2020年，鱼台小龙虾特色农产品入选第三批山东省特色农产品优势区，同年，"鱼台龙虾"品牌获得中华品牌商标博览会金奖。

鱼台毛木耳

毛木耳即黑木耳。在2018年首届中国毛木耳产业发展大会暨食用菌行业春季博览会上，经中国食用菌协会鉴定，授予鱼台县"中国毛木耳之乡"的称号。

毛木耳色泽黑褐，质地柔软，味道鲜美，营养丰富，而且有养血驻颜、医病延年的作用。其营养价值可与动物性食物相媲美，现代营养学家盛赞毛木耳为"素中之荤"。

鱼台毛木耳

毛木耳有野生和人工种植两种。野生毛木耳堪称野味美食。野生木耳是中温性菌类，多生于潮湿度较高、湿度较大处的阔叶朽木中。

特色地方菜

一品香鹅

一品香鹅以南阳湖里放养的大白鹅为主要食材，由制作人借鉴外地加工技术，结合当地人口味和饮食习惯研制而成，成品色泽光亮，口感鲜美，皮香肥而不腻，肉香醇而鲜嫩，骨香回味无穷。鹅头、鹅肝、鹅翅、鹅胗、鹅掌味道独特，各有特色。一品香鹅从选购活鹅、宰杀、清洗、分割、卤制、焖煮到各种辅料的配制，每一道工序都严格把关，品牌影响逐步扩大。

鹅肉属高蛋白、低脂肪、低胆固醇食品。其蛋白质含量高于鸡、鸭肉，是磷、铁、钙等矿物质的优质来初源；其脂肪含量低于猪、牛、羊肉，且含人体所必需的各种氨基酸，接近人体所需氨基酸的比例，便于人体吸收，化学成分接近橄榄油，利于人的心脏健康。一品香鹅2005年注册商标，2008年被山东省经济贸易委员会命名为"山东名小吃"，2012年被中国营养协会评为"中华名小吃"。

一品香鹅是鱼台餐桌上的美味，外出走亲访友，常有人带上一品香鹅。在饭店设宴，也有人把一品香鹅带到餐桌上。如今随着技术的进步，采取高压灭菌、真空包装以后的一品香鹅更便于作为走亲访友时的礼品携带。

老鳖靠河涯

老鳖靠河涯，实际就是炖鱼贴锅饼。其中，鱼是菜，锅饼是面食，面食和菜一块儿出锅，是容易制作、食用普遍的当地名吃。在铁锅（最好是地锅）里炖上鱼，开锅时把和好的面捏拍成锅饼，趁锅热粘在锅周围，待锅饼和鱼熟了，饭菜就可以出锅。扁扁的锅饼形似甲鱼，贴在锅的周围，就像老鳖趴在河涯上，人们便给它起了这形象的名字。

老鳖靠河涯最好选用草鱼，草鱼营养价值高，个头也适宜。把锅饼的三分之一浸入菜汤中，慢火长炖，让"老鳖"喝足炖鱼的汤。常言说："千滚的豆腐万滚的鱼。"随着炖煮时间的加长，佐料的味道尽可能被鱼和锅饼吸收，鱼的味道更鲜美，锅饼带有黄翠酥香的饹馇，味道可口。

过去，老百姓一旦在坑里、河里、沟渠里逮到鱼，回到家就可以做这样一道菜。如今，人们生活质量日益提高，这道菜已成为家常便饭，但"老鳖靠河涯"中蕴含着的人们对幸福生活的期待，始终在淳朴的鱼台人心中流转。

筒子鸡

原创人姓毕，原为曲阜孔府内院的主厨，后把筒子鸡的烹饪方法传到民间，使这道名菜终于飞入寻常百姓家。

解放初期，鱼城镇的名厨吴进修得其真传，又传给刘希柱，后来李阁镇陈楼村王强拜刘希柱为师，成为筒子鸡的第四代传承人。经过30多年的钻研改进，筒子鸡在传承的基础上得到发展，形成风味独特的陈楼筒子鸡。

筒子鸡得名自其烹饪步骤：将鸡腌渍后放于鲜竹筒内清蒸。筒子鸡选用一年龄的散养公鸡、笨鸡或者伊莎鸡，去除影响口感的杂质后制作，有助于确保食材的鲜活稚嫩和肉质的松软可口。用于腌渍的调料则全用传统天然调料，如大葱、生姜、花椒、香叶等10多种。经过24小时的腌渍后，筒子鸡才可进入最后一步：上笼清蒸。筒子鸡这道菜的制作时间要在一天以上，每一个步骤都包含传承人对传统美食的尊重和坚守。

从热气腾腾的蒸笼中端上桌的筒子鸡，造型优美，色泽鲜亮，清香四溢，堪称艺术品。它甜咸适中，肥腻得当，只一口便能感受到鸡肉的鲜嫩酥软和竹子的清香甘甜，是老少皆宜的济宁名吃。

冰糖肘子

冰糖肘子是王庙镇郝集村厨师谢现彬结合自己制作冰糖肉块的经验，兼收外地技术加工研制而成，独具鱼台特色，一经面市，备受欢迎。

冰糖肘子制作工序复杂，从着手加工到端上餐桌，要4个多小时。用料须选取鲜猪腿，猪前腿最佳，偶尔也选用小一些的后腿，这是因为前腿多在3斤上下，重量适合，而后腿太大，重量不适合。猪腿先下油锅，炸后捞出，放入开水中稍烫，去除杂物。烫三成为宜，烫得过重过熟，影响口味，烫的时间太短达不到去杂目的。然后将冰糖放入锅中，加水以文火融化，添加橘饼等佐料，把肘子放进锅中，用木柴烧火炖。初时，火可稍大，后用文火炖至半溜时加入切好的姜片，临出锅浇香油和桂花酱，肘子红通透明，香甜不腻，趁热吃为妙。

糖肘子尽管在鱼台家喻户晓，名声大振，但因其工序复杂、用料特殊、成本较高、制作技术性强，家庭平时就餐时，没有人会做。即便是在小型筵席上，冰糖肘子也不多见。

熏菜

熏菜种类繁多，包括熏猪蹄、熏鸡、熏野兔、熏肉等，是鱼台的名吃，传承人为李阁镇文集村黄泰山。

熏猪蹄必须选用猪前蹄才能保证肉量大而厚，保证食用口感。熏制前最关键的环节是腌制：洗净去腥的猪前蹄必须腌制24小时以上才能腌透，确保在熏制过程中入味入香。腌制之后的水煮也是一个关键环节，若水煮把握不当，熏蒸时猪蹄会烂、会散。猪蹄煮好后，需捞出沥水，静置半小时或四十分钟到不冷不热的状态时再放入锅中熏蒸。熏蒸的过程往往要使用南方大茴、花椒、白糖、大米、香叶等多种香料。熏蒸的锅内还要放入适量杉木刨成的小刨花，然后才在架好的蒸笼上摆放蒸好的猪蹄并盖上锅盖。为了不漏气，锅盖还要用特制的小棉被捂严实。最后一步，才是熏制，同样也需要掌握火候——火太大，猪蹄的口感会苦涩；火太小，熏出的色泽不亮丽。刚做好的熏猪蹄散发着独特的熏香味，它的肉质既筋道又柔滑，不腻不粘，色香味俱全。

熏制食品本是科技不发达时储藏食品的方法，后来发现食品熏制后的色泽口感更加鲜香浓郁，于是被代代传承。熏菜的储存方法越来越多，紫外线杀菌、高温杀菌、真空包装等已十分普遍，手提袋和礼品盒的出现也让熏菜的携带更加美观方便。

黄氏熏菜的名气越来越大，赢得消费者的青睐，成为周边地市的必备菜。单县、金乡、嘉祥等地的食客，经常专程前来品尝、购买熏猪蹄、熏鸡和熏野兔等。游子外出时还要把熏鸡、熏猪蹄、熏野兔带往异乡，既与外地人共享鱼台的美味，又能一解思乡之苦。

杂拌汤

鱼台的杂拌汤久负盛名，多种食材搭配，口感清香、味道鲜美，比较有名气的是张黄镇白庙村白群灯制作的杂拌汤。白群灯的曾祖父是宫廷两宫皇太后的御厨，精于汤食。慈禧太后喜欢美容，对饮食特别看重，每餐都要加清淡的汤面饭。白老先生做的汤面柔软可口，汤中有菜，菜中有汤，汤菜合一，适胃健脾，因此成了慈禧的专用膳食御师。年老回原籍之后，白老先生在县城（时为鱼城）和儿子开了个"全家福"小饭铺，专卖宫廷汤面。从此，白家汤的名气一天天大起来。杂拌汤价格低廉，杂拌适合平民百姓，很多人慕名而来，品尝慈禧曾经吃过的饭食，体验当皇上的滋味。改革开放之后，白家饭店由鱼城迁到武台，落于大闵村北的路口。

白家杂拌汤做工讲究，由滑丸子、卷煎、肉片（鸡肉、鱼肉、猪肉等）、豆腐泡、银耳、海味等十多种原料加工而成。选用精肉、鸡脯肉、鱼肉绞成馅，用蛋清打成糊状，用开水煮制出滑丸子；做卷煎不能太老太过，颜色要黄嫩，口感要柔软；鸡肉片和猪肉片要挑选腿骨肉，滑片时沾一层粉面，豆腐泡要细腻新鲜；最后再加上银耳、海米。制作时要把握准火候，汤里不可放油。

面食点心

杠子馍

鱼城杠子馍，是鱼台百姓饭桌上不可或缺的主食，凭借其甘甜、筋道、口感好的特点，成为县内卖出口碑、成就品牌的馒头。

据做馍世家的老人介绍，最早做杠子馍的有鱼城镇西关邓姓的回族人家、镇东北的石姓人家和镇中间的李姓人家。那时的杠子馍都是纯手工制作，按一定比例和面后，须用七八厘米粗，1米多长的棍子不断重复挤压、折叠的工序，直到面团变得光滑柔软。紧接着，要把面团手工做成圆形或长形的馍，放在炕上发酵后才能拾到笼屉里上锅蒸。

随着时代的变迁，现在的杠子馍改用机器制作，既节省时间，又节省人力，做出的馍口感也更好。制作用具改变，工艺、工序却没变，制作人的心意也没变。和老方法一样，一排排蒸熟的馒头出笼后要放在通风的房间里晾凉，在时间的长河里，百姓的味道从未改变。

糖糕

糖糕，在鱼台随处可见，永福大糖糕，更是留在每个鱼台人心中的味道。

或是作为本地老食客的早点，或是作为招待外客的特色甜食，或是作为游子思想的依托……香酥脆绵，外焦里嫩，满口留香的糖糕总是活跃在每一个鱼台人的日常生活中，临近县市慕名到鱼台品尝糖糕的人，也是络绎不绝。

糖糕的主料是糯米面、蔗糖和豆油，此外没有任何添加剂。做糖糕需要用烫面，揉好的面块呈半透明状，如同暖玉。烫好的面被老板的巧手搓成差不多胳膊粗的粗条，掐成巴掌大的面剂子后再捏成窝窝状，在里面放上掺有面粉的白糖，然后捏成圆形封口，拍扁下油锅。在热油沸腾的声音中，老师傅的动作一气呵成，将炸至金黄、漂浮在油面上的糖糕捞出——美味的糖糕就制作完成了。

糖糕鼓鼓囊囊的身子里，装着鱼台人民热情洋溢的人生态度。

香酥脆绵、外焦里嫩的糖糕

177

地方文化遗产

鱼台风景优美，物产丰富，鱼台人民在数千年的生产生活实践中创造了众多宝贵的地方文化遗产。精美绝伦的梁公砚享誉四方，闵子骞的圣贤遗迹供后人瞻仰学习，"焦花女哭麦"的故事诉说着人们对美好品德的追求……这些文化遗产是滋养鱼台人民文化生活的宝贵资源，更是一笔不可忽视的精神财富。

梁公砚

梁公砚是古代澄泥砚的一个优秀品种，产地在今鱼台县谷亭街道。相传始制于宋元时期，明代曾盛行一时，是当时极为珍贵的一方名砚。

相传梁公砚由侨居鱼台县谷亭镇的明代著名将领秦纮的尚书府地基泥烧制。康熙《鱼台县志》记载："昔有梁姓者云，就故秦尚书宅址取泥为陶砚，文理莹腻，色碧绿，谓之梁公砚。往时上台索之尽，近无有藏者。而故秦尚书亦无考。或曰即秦纮，但时未甚远，不应基便陶砚，又不应并砚无遗也。"据清康熙《鱼台县志》："秦纮，字世缨，单县人，侨居县之谷亭……召为兵部尚书，力辞不就。诏驰驿归，仍居谷亭……年八十卒，归葬于单。"秦纮未出仕前即侨居谷亭，宦海沉浮多年，辞官后仍回谷亭居住，去世后才归葬单县。按古代惯常礼制，既然秦纮归葬单县，其子孙也会"归乡世守"，随后秦宅转卖或荒废皆为正常。特别是秦纮去世后，明中晚时期的鱼台地域洪水多发，田园荒废现象常见，梁姓人取荒宅泥制砚并非不可理解。乾隆《鱼台县志》记载，梁公烧砚窑在赤瑷显忠墓旁。该墓在今王庙镇于庄村西北部，与谷亭秦纮宅相距近十五里。据此推测，所谓"就故秦尚书宅基取泥为陶砚"是可能的。秦纮出生于明宣德元年（1426年），景泰二年（1451年）中进士，历仕代宗、英宗、宪宗、孝宗四朝，累官至三边总制、户部尚书、太子少保等，死后谥号"襄毅"，《明史》赞其"文武兼资，伟哉一代之能臣矣"。时人或因仰慕秦纮而制此名砚。清代时梁公砚已失传，所以修志人对此并不能确定。有人猜测秦纮任边关守将时，曾筑内长城一条，长六百余里，长城砖烧制精密，秦尚书建房时打地基所用的泥土，参用了长城砖的某些陶澄工艺，所以地基泥坚密细腻，用来制作砚台正好。总之，至少在明代前中期，梁公砚已颇有名声。

到了明万历年间，梁公砚不仅是鱼台的著名特产，在兖州府也是极为珍贵的名砚。明万历年间《兖州府志》记载："良工砚：比柘砚又佳，间有精制殊绝者，价值亦贵，出鱼台县。"良工砚即梁公砚，比柘砚制作更加精良，也更加贵重。梁公砚的产地谷亭镇，在元明时期是大运河上的著名闸口，南来北往的官、商舟船泊靠码头，逐渐发展成流动人口密集、较为繁华的贸易重镇，与附近的南阳镇先后为漕运管理官员的重要驻节地。各色人等的频繁往来，给地方特产梁公砚的销售带来良好契机，也促使其在取材和制作工艺上更加精良。泥质上佳的梁公砚在当时非常受人珍爱，据存世及新出土梁公砚的铭文来看，明代的王公大臣、文人学子纷纷订制该砚或为之题铭，如明代治河名臣朱衡（号镇山）、翁大立（号见海），以及其他诸多文人学子皆在砚上留有款识。据一传世梁公砚上"敕赐承训书院制"铭文来看，鲁王治下的曲阜承训书院也曾订制梁公砚，可见梁公砚之盛行。达官贵人的参与，进一步助推了梁砚的名气和销量。这也解释了传承数百年的梁公砚为什么到明朝时突然产量大增。传世梁公砚在国内分布区域较广，特别是在苏杭等运河沿线重镇。

梁公砚泥质坚细，黄褐、灰白、砖红、淡绿等诸色都有，造型多样，常见的有三足鼎形、四足长方形等，烧制工艺较精，砚背多有铭文，铭文内容多以崇儒劝学为主，是喜爱梁公砚的明代王公大臣、文人学子所题。

明清之际，由于战乱、灾害等原因，梁公砚这一鱼台瑰宝失传了近300年。2014年秋，谷亭街道银都小区工地施工时，集中出土十多方款识为梁公砚的残砚。其后，城区多个工地相继出土梁公砚残片，引起了各方关注。出土残砚多为四足长方形和三足鼎形，质地坚硬细腻，表面滑腻，色泽蕴润，触之手感极佳。今银都小区所在地为谷亭老城区，出土砚台之地应为原制砚作坊所在。该发现与各种古文献中记载吻合，以出土实物证明梁公砚产地乃鱼台谷亭无疑。

2019年，鱼台县政协牵头实施了梁公砚的历史资料收集、实物考证、工艺传承、产品恢复等工作，注册了"梁公砚""棠邑之光"等七个商标，推动民间人士参与梁公砚的制作工艺恢复和生产设施建设，初步取得了成果，更好地保护与传承了这一珍贵文化遗产。相关团队

谷亭街道出土的梁公砚残片

经过长时间地学习、钻研，并通过不断试验，终于用当地的胶泥烧制出了做工精美的梁公砚。梁公砚的烧制需要经过22道精细工序，找泥、晾晒、沉浮、浸泡、沉降、雕刻、打磨、烧制、水磨、包装等，每一步都至关重要，稍有不慎就前功尽弃。从一块胶泥到精美的梁公砚，至少需要一年的时间。

梁公砚的"重生"是鱼台文化史上的一件大事。凭借文化的传承和形制的创新，梁公砚荣获首届"振兴传统工艺·鲁班杯"优秀奖，并于2022年9月26日，亮相"2022中国（曲阜）国际孔子文化节第八届尼山世界文明论坛"的"中华手造·山东手造"精品展，向世界展示它贯穿古今的强大魅力和独特之美。作为鱼台历史的见证和鱼台文化传承的物质载体，梁公砚必将更好地发扬鱼台历史文化，铸造亮丽的历史文化品牌。

采用传统工艺烧制的梁公砚

闵子骞的传说在地方的传播及其影响

闵子骞的故事成为"二十四孝"之一，孝是闵子骞故事的中心内容，孝贤文化则是闵子骞故事的文化内核。作为闵子骞孝贤故事的发源地，鱼台县至今还有大量关于闵子骞的历史文化遗存，闵子骞的故事也在鱼台不断地被演绎传颂。

在碧波荡漾的微山湖西岸，绿树掩映的大闵村里，耸立着一座巍峨古朴的庙宇，这便是为闵子骞建立的闵子庙，是历代祭祀闵子的地方。相传闵子庙在元代以前就已建立，但在元末之际毁于战乱，康熙六十年（1721年），闵子骞后裔闵煌在大闵村建闵子祠，之后又多次修缮，至今已历300余年。闵子祠大殿内有闵子牌位，上写"先贤笃圣闵子骞之神位"，大殿中央上方悬挂着雍正皇帝亲手题写的"门宗孝行"金色匾额，匾额上刻有龙，驮着雍正御印。闵子祠长14米，宽8米，高12米，占地约8亩。大殿为古式建筑，雕梁画栋，重梁起架，有6根顶梁柱。南壁为24扇樟木花棂木门。门两旁有两根木刻滚龙柱，是仿造曲阜大成殿龙柱而建，祠顶全覆琉璃瓦，脊上排列着"铁塔云燕"。整个祠堂巍峨挺拔，典雅高耸，金碧辉煌，与宓子祠、樊子祠遥相呼应，成为人们朝拜先祖、祭祀先贤的场所和文人墨客的吟咏圣地。后由于饱经战乱兵火，屡遭黄河淤积沉浮，破坏严重，尤其是"文革"期间大殿被毁，现仅存东西配殿各3间。2013年，闵子祠被列入山东省文物保护单位。

2017年3月，鱼台县隆重举行了纪念闵子诞辰2553年暨2017年中

鱼台孝贤阁

　　鱼台孝贤阁建筑形式为仿宋式三层檐歇山和庑殿顶组合建筑风格，钢筋混凝土框架结构。建筑外观三层，内部五层，建筑高度为39.15米，建筑面积约3368平方米。

国（鱼台）孝贤文化论坛，并举办了首届闵子骞公祭仪式。公祭仪式在鱼台县孝贤文化广场举行，现场布置以"典雅肃穆、庄严神圣、天下大同"为基调，体现孝贤文化及儒家文化精髓，实现中国传统文化与现代文化的完美结合。时任鱼台县委书记董波、县长刘学圣等都出席了这次仪式。闵氏宗亲代表、孝贤人物代表等依次向闵子骞像敬献花篮。恭读祭文后，所有参礼嘉宾集体向闵子骞像行鞠躬礼。举办闵子骞公祭仪式，对于弘扬鱼台孝贤文化、彰显民族文化自信有着重要的意义。

2018年4月，鱼台在孝贤文化广场举行闵子圣像落成仪式。闵子圣像高12米，采用紫铜材质，以闵子骞的形象作为雕塑主体，整体形象庄重大气，闵子骞左手捧书卷，右手拄杖，体现了其作为孔子高徒的儒雅与学识。圣像的标牌记载了闵子骞的生平事迹，突出展现了鱼台的孝贤文化。

在闵子骞的影响下，鱼台的孝贤文化蔚然成风，鱼台县组织开展孝贤文化系列主题活动，先后评选"鱼台县七十二孝贤人物""感动鱼台十大孝贤人物"。闵子骞的故事就像一颗种子，让孝贤文化在鱼台人民的心中生根发芽。

焦花女的传说

相传汉文帝年间，有一贤惠女子叫焦花，嫁给孀妇的独子常永昭为妻。婚后，夫妻甚欢。不久，常永昭为给母亲求寿到峄山烧香，一去未回，日复一日，年复一年，婆媳二人一直没有等到常永昭的音信。村上人纷纷传言常永昭可能不在人世了，好心的婶子大娘劝焦花女另作打算。焦花女想起婆母守寡多年，年老又失去儿子，还常年有病，不忍心离开婆母。之后的岁月里，坚贞如铁的焦花女和婆母住着两间破旧草房，种着三亩薄地，相依为命，一年一年地过了下去。可是屋漏偏逢连阴雨，船破却遇顶头风。有一年严冬，婆母突然染上冬瘟，一连病了十几天，昏迷高烧，不进水米，眼看着朝不虑夕，气息奄奄，将不久于人世。焦花女肝肠寸断，一筹莫展，日夜守在婆母身边侍候，衣不解带，席不暇暖。在一个深夜，婆母刚从昏迷中醒来，焦花女小心地附在婆母身边，小声问："娘，你想吃什么？"婆母断断续续地说："我想吃……吃点燎麦。"说罢又昏迷过去了。

焦花女长叹一口气："这寒冬腊月到哪里找鲜燎麦呢？"转念一想，常言说，心诚感动天和地，听说每年二月二上峄山烧孝香的都是穿着单衣去求神。焦花女主意已定，拿着家中仅有的几支香烛和黄表纸，身着单衣，在伸手不见五指的黑夜走出家门，冒着凛冽的寒风，踏着冰雪，向村西约二里路的自家麦田走去。

来到自家麦田，焦花女立即烧香烛焚黄表，虔诚地磕了九个响头，跪在冰雪上哭诉不止。真是心诚感动天和地，不一会儿，冰封雪压的麦地返青了，又片刻拔节了，抽穗了，鸡还没打鸣，小麦就成熟了。这时焦花女女嗑了九个响头，很小心地掐了一把麦穗，一溜小跑赶回家里，马上生火燎麦。焦花女把燎麦搓好，正好婆母从昏迷中醒来，她赶忙对婆母说："娘，请您吃点燎麦吧！"老人一听，如在梦中，在半睡半醒间慢慢吃了两口，顿时感觉全身好些，停了一会又吃了一点，神智渐渐清醒，不到天明，便能坐起来了。

经过焦花女精心服侍，婆母很快就痊愈了，婆媳自此共度春秋，以终天年。焦花女哭麦孝敬婆母，这一感天地泣鬼神的故事很快传遍各地，直达京城，汉文帝得知后深受感动，挥朱笔御批，在全国褒扬，并敕命将焦花女所在村更名为焦村。

康熙《鱼台县志》卷十七载："焦村，在治东北八十里，近郁郎，焦花女故居也。"又载："焦花女，今山东焦村其故里也，母病思食燎麦，时值隆冬，女乃于麦垄畔啼哭。麦忽穗，取燎之以奉母，而疾愈。"又按："今焦村东去有墓俗呼焦花女个堆是也，其为鱼人无疑。"

自古至今，鱼台焦花女哭麦的故事一直流传，其是对孝贤文化的演绎。每当麦收时节，人们总会想起这个故事。随着鱼台孝贤文化的传承发扬，焦花女的故事必将继续传颂下去。

政坛人士

"抚乱以治"度尚

度尚（117—166年），字博平，东汉山阳郡湖陆县（后并入鱼台）人，官至荆州刺史、辽东太守。度尚年少丧父，侍母至孝，通晓《古文尚书》与《易》。由于家贫，度尚曾为同郡在朝为官的侯览看护田园。一次偶然的机会，度尚成为山阳郡负责上计的吏员，后相继改任郎中、上虞长。

度尚做事一丝不苟，经常通宵达旦地处理公务。他明察秋毫，能够发现并惩处奸诈犯错的官吏，百姓视之如神明。度尚担任文安令期间，该县时疾流行，谷物价高，百姓食不果腹。度尚一边开仓放粮赈济百姓，一边安排医生救助病患，帮助百姓渡过难关。冀州刺史朱穆巡察所属州郡时，见到度尚及其所作所为，不由称奇。

延熹五年（162年），长沙零陵一带发生动乱，为首者自称"将军"，聚合七八千人，侵扰桂阳、南海、苍梧、交趾等地。交趾刺史和苍梧太守望风而逃。御史中丞盛修奉旨募兵讨伐未果，而豫章艾县六百余人应募后又因得不到赏赐产生怨恨，倒戈加入敌军队伍，焚烧长沙郡，入侵益阳县并杀死县令。叛军势力逐渐壮大，而朝廷派遣的谒者马睦与荆州刺史刘度再次大败而归，汉桓帝只得诏令公卿举荐平乱之人。在尚书朱穆的举荐下，度尚从右校令擢升为荆州刺史，不仅身先士卒，而且明赏罚严号令，与部下同甘共苦。他招募少数民族青年入伍，长驱直入叛军腹地，势如破竹，先后降敌数万。桂阳的敌军大将卜阳、潘鸿无力抵抗，带残部退入山谷，度尚穷追百里，直入南海。

接二连三的胜利和难以计数的战利品让度尚所率军队的斗志隐隐有下降之势。度尚明白骄兵必败的道理，也知道继续逼迫军队前进只会适得其反，引起逃亡。因此，度尚让士兵们出猎放松，自己则安排亲信趁机在无人的营房中放火焚毁珍宝。士兵们归来后，见辛苦换来的珍宝被毁，悲痛流涕。度尚借此激烈士兵："叛军积攒的财宝足以让人实现累世之富，如果我们齐心协力取得最终胜利，那么和最终获得的财富相比，眼前这些不过尔尔，哪里值得如此介意！"众士兵听后，重燃斗志，发愤向前。度尚通过此举大大鼓舞了士气，遂下令秣马厉兵，于次日凌晨径直奔赴敌军屯兵之处。敌军卜阳、潘鸿自以为壁垒森严，不曾设防，自然溃不成军。

度尚前后掌兵三年，平定地方叛乱。延熹七年（164年），度尚因功封右乡侯，迁桂阳太守；次年，回到京城。这一年，荆州士兵朱盖等人不满于征戍日久而粮饷不足，起兵作乱，与桂阳的胡兰联合，率三千余人造反，势力不断壮大。时任太守任胤弃城而逃，零陵太守陈球据城固守。情急之下，汉桓帝任命度尚为中郎将，率领幽、冀、黎阳、乌桓步兵、骑兵共二万六千人前去救援。度尚与长沙太守抗徐联合，征发诸郡军队讨伐叛军。叛军大败，首领胡兰等被斩首，残部逃入苍梧。朝廷复命度尚为荆州刺史。

度尚任职期间，害怕苍梧境内的胡兰余部会成为自己治理地方的隐患，假意上书称这些人侵扰荆州、交趾，刺史张磐因此被廷尉捉拿。调查之时，正遇上朝廷大赦，张磐得以赦免。但他不肯离开，说："胡兰余部逃入交趾后，我涉危履险斩杀他们的头领，剩下的人又逃窜回荆州。度尚害怕我会先他上书导致罪名加身，于是诬告我。我是朝廷的臣子，却无辜蒙冤受辱，遭此牢狱之灾。我要求面见廷尉，与度尚对质，辩明其中曲直是非。否则，宁埋骨狱中！"廷尉将张磐的状辞呈交，朝廷宣召度尚对证。度尚理屈词穷，承认罪名，但朝廷念他此前屡建功勋，遂免于责罚。

后来，度尚任辽东太守。数月，鲜卑来攻，被度尚率军击溃，鲜卑从此惧怕他的军威而不敢再犯。

名列"八及"的张俭、刘表

东汉末年，政治腐败，士人激浊扬清，品评人物，于是有"三君""八俊""八顾""八厨""八及"等名目。据《后汉书·党锢列传》，"八及"分别是张俭、岑晊、刘表、陈翔、孔昱、苑康、檀敷、翟超八人，其中，两位是古代鱼台的人物，即张俭和刘表。"及者，言其能导人追宗者也"，即能带动其他人向士人中的楷模人物学习。由此可见，古代鱼台一带积淀之厚与人文之盛。

"望门投止"的张俭

张俭，生卒年不详，字元节，东汉山阳郡高平县（旧属鱼台，今归微山）人，是西汉时期赵王张耳（西汉开国功臣之一，汉朝建立后被封为异姓王）的后人。张俭的父亲张成，是江夏太守。张俭早年被举为茂才，但因刺史不认同他的为人，于是托病不出。

延熹八年（165年），山阳太守翟超请求封张俭为东部督邮。督邮是当时各郡中以督查县乡为主要职责的重要属吏之一。当时，中常侍侯览，对待百姓十分残暴，所作所为藐视法度。张俭向朝廷弹劾侯览及其母所犯的罪行，请朝廷诛杀二人。侯览得知后，为防汉桓帝得知，竟压下了相关奏表，从此与张俭结仇。张俭的同乡朱并一直对张俭瞧不起自己耿耿于怀，以致心怀怨恨，便利用这个机会，上书朝廷告发张俭与同郡二十四人结为"党人"，朝廷因此下令追捕捉拿张俭。张俭狼狈出逃，居无定所，幸而声名在外，众人无不对他心生敬意，即使冒着家破人亡的风险也愿意收留他。后来，张俭辗转流亡到了东莱，留宿在李笃家中。面对前来捉拿张俭的县令毛钦，李笃道："张俭闻名天下，却因为不属于他的罪过逃亡。您纵然见到了他，难道忍心把他捉去吗？"毛钦道："蘧伯玉以独为君子可耻，你为什么一个人独专仁义呢？"李笃说："我李笃虽说好义，可您今日若不捉拿张俭，也能得一半之义啊！"毛钦叹息着离开了，李笃因此得以送张俭出塞，而张俭也终免于遇难。只是，张俭经过的地方，有数十人遭到了残杀，这些人的宗族亲戚也都被杀害，许多郡县因此残破不堪。

中平元年，党祸解除，张俭这才回到家乡，大将军何进和三公都征召他，认为他为人敦厚俭朴，不仅公车特征，还给他少府的官职，但张俭都没有接受任命。汉献帝继位之后，天下连年战乱，饿殍遍野，张俭倾尽家财与乡人共享，前后帮助了不下数百人。后张俭不得已接受征召，担任卫尉，但他看出了曹操对汉室取而代之的野心，于是悬挂车架以示闭门不出、不问政事。此举坚持了一年有余，张俭在许都去世，享年八十四岁。

割据荆襄的刘表

刘表（142—208年），字景升，东汉山阳郡高平县人，官至荆州牧。

刘表年少成名，早年因参与太学生运动而受党锢之祸牵连，被迫逃亡。党禁解除后，刘表受到大将军何进的征辟并出任北军中侯。初平元年（190年），刘表取代王叡成为荆州刺史。东汉末年的荆州，辖有江夏、桂阳、武陵、长沙、南阳、南郡、零陵等七郡一百一十七县，是相当广阔的一片区域。刘表初到荆州时，江南各地宗族势力强大，袁术在鲁阳坐拥南阳之众，吴人苏代、贝羽也各据民兵称霸地方。刘表至荆州后，单马入宜城，与延中庐县人蒯良、蒯越及襄阳人蔡瑁等共同谋划。他采纳了蒯良的计谋，诱杀地方宗族武装头领，说服据守襄阳的张虎、陈生，又对百姓广施仁义，最终平定江南，坐观时变。

关东州郡起兵讨伐董卓时，刘表也起兵驻军襄阳。驻扎在南阳的袁术联合孙坚，想偷袭并夺取刘表所辖的荆州，但孙坚在与刘表的作战中被流矢射中而死，袁术的计划就此失败。李傕、郭汜进入长安之后，想要以刘表为援，于是委任刘表为镇南将军、荆州牧并封他为成武侯，授予符节。张济引军攻打穰城，被流矢射中而死，刘表派人收容张济的军队。长沙太守张羡背叛刘表，被刘表围困数年。张羡病死后，他的儿子张怿被立为主，刘表攻打并吞并了张怿的势力，向南收复零陵、桂陵，向北占据了汉川，拥有土地数千里，荷甲士兵十余万。

官渡之战中，袁绍派人向刘表求助，刘表表面答应，实际坐山观虎斗，意图凭借长江天堑在曹操与袁绍的对峙中保持中立，以待时变。从事中郎韩嵩和别驾刘先劝说刘表，若不领兵起事，就应当投靠更有胜算的曹操以求长享福祚。刘表见手下大将蒯越也赞同二人观点，便派韩嵩面见曹操以探虚实。曹操恩威并施了一番，韩嵩回见刘表，详述游说刘表派儿子到曹操身边作为质子。刘表疑心大起，怀疑韩嵩反为曹操作说客，拷问韩嵩随行人员无果后才勉强作罢。由此可见，刘表虽然外表儒雅大度，实则多疑好猜忌。

建安六年（201年），刘备投奔刘表。刘表虽然厚待他，却不重用。十二年（207年），刘备提出趁曹操征伐柳城时偷袭许昌，刘表没有听从；待曹操凯旋，刘表又感慨错失良机。足见其人生性多疑，优柔寡断，大抵如此。

刘表晚年偏爱少子刘琮，这在继承人选择问题上主张立嫡立长的汉代是不被认可的，往往被视为动乱的标志。而在刘琮党羽蔡瑁、张允等人的劝说下，刘表最终选定了少子刘琮继承他的身份地位与官职，而让长子刘琦外出担任江夏太守。建安十三年（208年），在官渡之战落下帷幕、北方基本统一的背景下，曹操南下征讨刘表。还未到荆州，刘表因病去世，年幼的刘琮虽然有心抵抗，但在蒯越、韩嵩及傅巽等人的劝说下，最终率领全州投降。

减民徭役乌延锐

乌延锐，生卒年不详，金代上京路会宁府隆州人，年方弱冠便考中进士，被授予刑部员外郎，外迁为单州太守，代为鱼台的长官。他怜悯百姓遭遇水灾，请求朝廷免除地方的租税。当时适逢南宋北伐，鱼台需要提供置办数百辆粮车和丁草六十余万束。乌延锐为民请命，最终得以免除征收。当时，朝廷强迫当地百姓牧养七百余匹用于行军的骠马，乌延锐从中调停，选出羸弱瘦小的马自己喂养，使得老百姓免于朝廷的责备。乌延锐又替百姓请求宽限漕运的期限，并把收到征发的千余名纤夫数量减去一半，百姓们因此很感激他。乌延锐在县任职期满离开，后来升为户部郎中，加少中大夫。后来，他因事路过鱼台时，民众纷纷挽留他，见没有办法将他留在此地，便为他立碑纪念，是为大安元年去思碑。

忠武传家曹仙家族

曹仙，生卒年不详，金代人，是"马陵里"一带曹氏的先祖。金大定十七年（1177年），他担任安徽宿州泽县主簿，南临淮河，与南宋交战，屡立战功。当时的宰相视察军队，对他很赏识，提拔他为河南永城县县尹。曹仙为官公平正直，辞官时百姓立"去思碑"纪念他。

曹仙生三子，长子曹俊，次子曹杰，三子曹伟。曹伟中了进士，因为金朝末年，天下离乱，于是隐居不仕，但在家乡声望很高。他隐居期间，改"马陵里"为曹岗（即今鱼台县张黄镇曹岗村）。金亡后，曹伟的儿子曹政在元朝为官。曹政为人勇敢干练，任保义副尉时参加了攻打滕州的战役，升为敦武校尉；跟随忽必烈攻打五河等城邑，升为单州招抚副使，后改任鱼台行军弹压，参与攻打襄阳、蕲州、黄州、光州、浙州等地，后招募兵马攻打寿州，兼任济宁州、兖州、单州行军千户。寿州战役结束后，曹政屯田宿州，升任济宁州等处行军都弹压。至元四年（1267年），枢密院根据他的资历和功劳，授予鱼台诸军奥鲁长官，总管全县军队。

曹政生三子，长子曹兴，次子曹武，三子曹荣。曹兴有其父风范，身材高大英武，善于骑射。二十岁时替父亲随军出征，以武勇著称。严实任东平行台时，精选帐前拔突（蒙古语音译，勇士的意思）军作为先锋队进攻襄阳、鄂州，曹兴凭军功授东平路行军都镇抚兼本军弹压。李壇在济南起事，曹兴随军攻打，攻下济南后曹兴被升为拔突弹压。至元十三年（1276年），曹兴跟随中书右丞相伯颜南征，受伤包扎后再次投入战斗，攻下常州后升为千夫长。伯颜命他再统领五百名投降的宋军，以嘉奖他的战功。当时大军往来征战，道路多泥泞，行军困难，曹兴建议修整道路，于是跟随他本军的长官往来经营调度，架桥补路，从淮河到浙江整修道路一千余里，大大方便了行军调动。灭掉南宋后，曹兴被调入宿卫军，成为皇帝的亲军，守卫北方边境，远渡沙漠数千里。因为南征北战累积的功劳，朝廷颁布文书，赐封铜印忠显校尉。卫军总管将他引见给皇帝，皇帝看了他的身材武艺，对他很是赞赏，又赐封银符校尉，命其在前卫军服役。皇帝休息时，他担任夜间警卫；皇帝出门，则由他随军保护，就像古代的期门郎、羽林郎一样。曹兴所佩的银质兵符上系着大红的绶带，表明他很受皇帝的宠信和重用。至元二十一年（1284年），曹兴请假回乡合葬先人，修建陵墓，立石刻铭，告诫子孙世代守护。

至清初，曹氏成为鱼台的大姓，以礼义传家，内修贞洁操守，外显学问德行。如后人曹志皋母亲、妻子的节操，曹致中兄弟的学问文章，都闻名乡里。

《农桑辑要》主编孟祺

孟祺（1230—1281年），字德卿，元代人，原籍宿州符离，出生于世代富豪之家，父亲孟仁于壬辰年间（1232年）流寓鱼台并定居。当时，济宁、兖州、单州的军民总管石天禄礼待孟仁，聘请他做幕僚，参与军政决策。

孟祺从小聪敏颖悟，擅长骑射，有很深的学问。他跟随父亲到东平后，正值东平行台长官严实修建学校，招收学生，立考试法，孟祺前往应试，入选后受到征辟，负责掌管文书。廉希宪和宋子贞都器重、礼待他，并向朝廷奏报，提拔他担任国史院编修，后又任从仕郎、应奉翰林文字，兼太常博士，主要负责编写朝廷的典章制度等文书，"一时典册多出其手"。至元七年（1270年），孟祺持节出使高丽，归来后授承事郎、山东东西道劝农副使，并以该职参与编辑《农桑辑要》一书，成为该书的主要编纂者和唯一署名者。

《农桑辑要》旨在指导全国的农业生产，是中国最早的官修农书，于至元十年（1273年）成书后颁行全国。全书设7卷10篇186节，总计

65000字，讲述了农桑起源及农本思想，介绍了土地利用、选种及众多农作物、林木、药用植物的栽培技术和家畜、家禽、蚕、蜂、鱼等的饲养方法。书中对棉花和萱麻的栽培论述尤为详细，从理论技术上阐述了其向北方推广的可能性，发展了风土论的思想，有利于棉花、萱麻的引进、种植和推广，也为明清时期番薯、玉米等作物的引进奠定了理论和实践基础，推动了农业的恢复和发展。元代时期中国棉花种植区域不断扩大，南方棉花种植技术有质的飞跃，并带动了纺织业发展及技术革新，涌现出著名的棉纺技术革新家黄道婆。当时，不仅人们衣食温饱的问题得以改善，丝绸、棉布成为主要衣料，更有了海外贸易的发展，尤其是海上丝绸之路的空前繁荣。

至元十二年（1275年），丞相伯颜率军攻打南宋，皇帝下诏选拔素有名望、博学多才、可以商量军中大事的人随军，于是任命孟祺为承直郎、行省咨议。伯颜非常信任他，当时的军事文件堆如小山，孟祺处理起来果断坚决，毫无拖延。军队驻扎在建康（今南京）时，每当伯颜回京汇报军情，军中事无大小都交给孟祺和执掌军队者共同裁决。在焦山之战中，宋军处于下风，孟祺建议乘势速进，伯颜采纳了他的建议，果然取胜。军队即将到达临安（今杭州）时，伯颜又询问孟祺的建议。孟祺认为，如果坚持攻打临安，宋廷会向闽地逃窜，于路也将引起地方动乱，南宋三百年积累的一切会化为乌有，不如用计安抚他们，假以时日，不战自胜。伯颜按照他说的去做，宋廷果然没有继续南迁。

后来，南宋送来降表，请求存国称臣，伯颜屡屡拒绝，孟祺自告奋勇出使临安谈判，终于说动南宋无条件投降。灭宋之后，伯颜向皇帝上奏孟祺的功劳，皇上于是授予他少中大夫、嘉兴路总管的官职，允许他佩虎符。孟祺到任之后，重视兴建学校、建立制度，但不久便因病辞官回到东平。至元十八年（1281年），他再次因病推辞了朝廷的委任。

孟祺去世时51岁，死后朝廷追赠他为宣忠安远功臣、中奉大夫、参知政事、护军鲁郡公，谥号"文襄"。

才德兼备的王麟

王麟，生卒年不详，字应隆。出身于鱼台世代书香门第，其祖父王云岩人称"云岩先生"，善治《春秋》，闻名当时，元末屡授征召而不肯出仕。

王麟自小聪慧异于常人，深受父亲的喜爱。他性格洒脱，年幼不好学，其父为之流泪忧心，王麟终于幡然悔悟、发愤苦读。洪武年间，他担任刑部郎中一职，善于断案。后来，王麟晋升为湖广布政司右参政，不久被降职为掌管传旨、册封等事的九品"行人"。永乐三年（1405年）三月，他担任秩从三品的广西布政司右参政，率领军队征讨交趾（越南旧称），所向披靡，因功封为嘉议大夫、资政卿。后来，他把安南国陈朝皇室遗孤陈天平送返归国。就在明成祖将要重用王麟的时候，后者因瘴毒卒于任上。

王麟与文学大家、名臣解缙交好，解缙有为王麟祖居书屋所写的《云岩松屋铭并叙》传世，秉性忠直的解缙在文中评价王麟"正大光明"，据此概可想见王麟为人、为官之风貌。王麟死后入鱼台乡贤祠代享祭，其存世的书法作品可见于唐马镇宋寨村宋氏世德迁封之记碑。

边疆名臣秦纮

秦纮（1425—1505年），字世缨，单县人，侨居鱼台县谷亭镇。

景泰二年（1451年），秦纮考取进士，初任南京监察御史，弹劾查办宦官，因得罪权贵，被贬为驿丞。天顺年间（1457—1464年），秦纮任雄县县令，被诬告擅自对王府奉御杜坚的仆从施以杖刑而被下诏狱，城中数千百姓进京为他辩白喊冤，秦纮才得以赦免，调任陕西府谷知县。到任后，他每天都与边防将士讲解兵法，料理军务，先后打了六仗，全部获胜。

明宪宗即位后，秦纮历任葭、秦二州的知州，其间曾因母亲离世而辞官丁忧，由于州中百姓的挽留，秦纮服丧期满后回任旧职。后来，秦纮升任巩昌知府，转知西安府，又升为陕西右参政。岷州少数民族在地方起事，秦纮率军三千将其击败，并因功增加一级俸禄。

成化十三年（1477年），秦纮以右佥都御史之职巡抚山西，上述揭发庆成王之子、镇国将军朱奇涧贪暴成性，强取豪夺，草菅人命等多项罪行。庆成王朱钟镒上疏为儿子辩护，并诬告秦纮有罪。宪宗将秦纮抓捕后交法司处理，但诬告的罪名查无实据，内官尚亨查抄秦家也仅得到几件破旧衣服。尚亨将此事禀奏宪宗后，宪宗对秦纮的清贫感慨万千，赐秦纮宝钞万贯以示嘉奖，而削去了朱奇涧等三人的爵位，庆成王也被削夺三分之一的俸禄。

秦纮巡抚宣府时，重视此地防御鞑靼入侵的重要作用，修城堡、练士卒，增强宣府、大同的边备。成化十七年（1481年），鞑靼小王子率数万骑兵入侵大同，长驱直入顺圣川，劫掠宣府。秦纮与总兵官周玉奋力迎击，将之击退。不久，小王子卷土重来，劫掠兴宁口，秦纮等又接连与之交战，迫使其退去，并追还被抢掠的物资。宪宗亲下诏书，褒奖秦纮的功劳，将其升为都察院左佥都御史，仍巡抚宣府。

不久，秦纮入京为官，升任户部右侍郎，但因朝中纷乱、朝臣倾轧被连累，降职为广西右参政，后升福建左布政使。弘治元年（1488年），秦纮在吏部尚书王恕的推荐下升任左副都御史，监督漕运；弘治二年升右都御史，总督两广军务。在两广任职期间，秦纮向明孝宗提出针对性谏言三条：一是请朝廷革除天下镇守太监及武将兼理民事的权力；二是各镇府的财政必须由御史审计检查，杜绝贪污之源；三是在两广地区编制保甲，设立礼学，以绝盗源，以振文风。对于秦纮的建议，孝宗全部允准。

秦纮的建议触动了权贵的利益，引起他们的不满。安远侯柳景在两广军镇时贪污军饷、屠杀良民，被秦纮揭露下狱后，在狱中反诬秦纮残暴淫虐。柳景的诬陷查无实据，他也被判处死刑，但因与孝宗庶母周太后存在姻亲关系，又请周太后在孝宗面前辩白。孝宗下令将秦纮抓捕入京审问，结果仍是秦纮清白无罪。最终，孝宗令柳景削爵闲住、秦纮罢官归乡，但这样的处理引起了朝野不满，以吏部尚书王恕为首的百余名官员联名保奏秦纮。终于，数月后，秦纮改任南京户部尚书。

弘治十一年（1498年），秦纮托病辞官；弘治十四年，西北边境受到鞑靼入侵，孝宗再次任秦纮为户部尚书兼右副都御史，总制三边军务。秦纮以七十六岁高龄星夜驰抵固原，察看延绥、固原、宁夏三镇的形势，亲到战场祭奠阵亡将士，向朝廷禀奏为国捐躯者的功劳并抚恤战死者的家属。他还惩治了败将杨琳等四人之罪，更换守将，挑选壮士，兴设屯田，重申号令，使军威大振。此外，他重新调配了三镇防务，根据地理形势优先加强固原守备，修缮城郭，招徕商贾，繁荣经济，并亲自驻扎在固原以稳定军心。同时，他又令原轮番戍守临洮、巩昌、甘州、凉州的边军各返本镇，选拔知兵宿将防守其地，使得"人以戍为家，军以将为命"。秦纮还带领军民垦荒，充分利用固原以北的广袤土地屯垦助边，每年得粮五十万石，满足了军队所需。在防御工事与军备方面，秦纮前后共修筑三边城堡一万四千余所，垣堑六千多里，还创制了战车——"全胜车"，战时御敌，闲时运输。在他和众多将领军事的共同努力下，西北边务得到前所未有的整顿，"四镇晏然"。

弘治十七年（1504年），秦纮凭借功劳加官太子少保，返京掌管户部事务。后以年老自请致仕回乡，弘治十八年九月卒于乡，享年八十岁。明武宗朱厚照按例赐其祭葬，追赠少保，谥号"襄毅"。

"民享其福"的马得祯

马得祯，生卒年不详，字冲霞，号亢宗，山西介休人，清初著名的鱼台知县。

马得祯少有文名，壮游京师，受魏相国赏识，供职于清廷实录馆。

《清世祖实录》完成后，评定功绩，离京为湖南彝陵州判官。当时正值吴三桂在滇、黔一代起兵，军需繁多，马得祯任劳任怨，器械粮草，取办立应，于是因功升任安徽铜陵知县。铜陵濒临长江，时有水患，马得祯捐俸移筑大堤数百丈，又放弃石洞，建立石闸，适时启闭，制止水患。马得祯在任三年，后以母丧丁忧回籍。地方士人、百姓数千人，动用大船数百艘，追出三百六十里，直到在浦口登上陆地才回去。

康熙二十七年（1688年）八月，马得祯始任鱼台知县。甫一到任，他就询问民间疾苦，见鱼台"四野哀鸿，百度弛废"，便"先谋随声"，经三年的整治，人民生活稍微宽裕了一些。为改变"鱼邑水患，历世堪悲"的面貌，实现"如江南水利法"的设想，马得祯单骑行程百余里，考察地形水势，终于找出鱼台水患的症结所在：每年伏秋，开封、濮阳、曹县、定陶、巨野、成武、单县、金乡等20多个州县的客水一漫而来，而宣泄洪水的口喉是沛县安家口，年久泥沙壅塞，众水江浸，遂成泽国。原因既明，马得祯亲行筹划，绘图列说，一面请示府道衙门开挖河道，一面发动士民上访情愿，官民一心，上下协同，百姓都很爱戴他，称赞他道："马公渠筑堰堤，以顺西北之水。"新河开后，鱼台得良田百顷，"数十年民享其福"。

南阳镇历来为漕粮收支之所，但因没有陆路，鱼台人民深感不便。马得祯于是捐出自己的俸禄修建总长数里的石桥，士民们亲切地称之为"马公桥"。马得祯在任10年间，宽征赋税，兴复百业，清理本地政治，判决陈年旧案，整修官学，创建义学，修缮城墙，组织地方官员士民共同编写《鱼台县志》，深得后人推崇。为了纪念他的功德，鱼台人刘芳声为他写了《马公书院记》。

后来，马得祯升任桂阳知州。桂阳地处偏远，有不法豪绅买卖奴隶，在奴隶脸面上刺字以防其逃跑。马得祯严厉斥责这种行为，士民拍手称快。后来，马得祯因年老辞官回乡，悠游林下，终年80岁。

马得祯修干长髯，文武兼备。他擅长诗文，仅康熙版《鱼台县志》一书中，除一篇序文外，另有其诗书14篇。鱼台士民编著的《棠荫汇编》（四卷）一书中，对马得祯任职期间的政绩作了大篇幅的介绍，乾隆年间编纂的《图书集成》也辑录了马氏的政绩。乾隆八年（1743年），鱼台百姓奉旨将马氏祀为鱼台名宦。

年高德隆、军民爱戴的曹斌

曹斌，生卒年不详，字二允，鱼台人。

他幼年聪慧，初步显露出有勇有谋的特质，成年后投笔从戎，于顺治己丑年（1649年）中武进士，任岭南道中军守备。时值李定国率部反清，他率军守城四月有余至李定国败走。又逢郝尚久在潮州起兵，曹斌乃随清军督办粮草。

顺治十四年（1657年），曹斌按军功晋升一级。同年七月，广东巡抚李栖凤委派他去连阳安抚流亡百姓。由于措施得力，地方很快安定下来。次年夏，曹斌又受藩院、都察院、翰林院联合委派，招抚清远县上、中二峒反清的民众。叛军首领恐惧严惩，暗中贿赂曹斌，他坚决拒绝道："你们是因为穷才做了强盗，我又怎能再收受你们的钱财？而且你们只要放下武器，改邪归正，哪里用得着再贿赂我呢？"乱民感动于曹斌的廉洁真诚，接受了招抚。三院联名禀奏曹斌的功劳，巡按赵公也上奏章举荐他，认为曹斌"守御克尽勤劳，招抚屡著功绩"。曹斌于是升任江南操江游兵营都司。

康熙四年（1665年），曹斌移驻采石矶，当时天下太平无事，曹斌便以安定军民、整修名胜古迹为务。康熙六年，曹斌移兵驻防梁山时，采石矶的官民都到提督、总兵处请求让他留下，但没有成功。当时，曹斌兼任驻兵营安置投诚人员的工作，营房不够用，他便自费建营房80间，受到士兵的爱戴。提督、总兵也向皇帝上奏他的事迹。

康熙九年（1670年），曹斌升任浙江定海镇右营游击。康熙十年二月，曹斌奉上司委派，督办整修战船事务，八月完工后，即出海搜剿海盗，把莲花洋至普陀山一带的僧人都运送安置到内地各寺院。康熙十一年正月，曹斌奉命督办宁波、台州、温州三地的战船整修，至九月竣工，又出海巡查、清剿海盗，提督、总兵都称赞他的能力。康熙十三年，曹斌奉命督办本部三个营的战船整修，正逢福建省发生变乱，浙江东部的州县都出兵，浙江西部的四个府负责修造战船的材料，宁波府负责采买木料。征伐福建的军队也已临近，曹斌在江边日夜操劳，风雨无阻，积劳成疾。等到次年二月完工后，大军出海，四月凯旋，曹斌就以难以继续操劳为由提出辞职，因为他是老成可靠的宿将，所以朱总兵和李总督极力挽留他，曹斌再三恳请，才得允准，得以"原品级退职休养"。曹斌卸甲北归时，军民追送，缙绅饯行，车马人流绵延数十里，收到的赞扬文章用箱子都装不完。曹斌博学高才，有儒将风度，善待部署、爱护百姓、尊重人才，因此每逢离任一地都有这样的场景。

曹斌归乡后，以年高德隆，被推举为乡饮正宾，终年76岁。曹斌的父亲曹庆，曾因为曹斌的爵位，被朝廷授予"明威将军"；母亲顾氏、妻子骆氏被封为"恭人"；儿子曹荣、曹棠均为秀才，以儒业传家。

为民请命的鱼台先贤

千百年来，儒学教育培育塑造了勇于担当的士君子人格，这些地方士绅贤达成为沟通官府与地方的重要媒介。在地方民众遭受刻剥或为灾害所困时，他们常常能够挺身而出，为民请命，明代的武翰、甄沛和清末民初的王玉相均属此类。他们虽名不甚显，但造福地方，功不可量。

止迁惠民的武翰

武翰，生卒年不详，嘉靖年间太学生，鱼台人。武翰祖上原籍宿州，元朝时避乱迁居鱼台，始迁祖相传为洪武马皇后的二舅。作为皇亲国戚的武氏家族在鱼台县城发展成为书香门第、名门望族，当时县城的一条街被命名为武氏巷。

武翰文采出众，仗义敢言。鱼台居于交通要道，官府衙门的往来官员往往借机盘剥，地方官员和百姓敢怒不敢言。武翰挺身而出，以大义责斥他们，减轻了地方负担。嘉靖八年（1529年）黄河决口，鱼台是重灾区。朝廷派遣的视察处理灾情的官员上奏，建议把鱼台县城搬迁到湖东凤凰山脚下。此后开始筑新城，并拆掉县衙、县儒学文庙等建筑准备移建到新城。四年之后，洪水消退，民众眷恋故土，并且确实也有隔湖搬迁费用巨大、造成原有田园管理不便、民生疲敝难建新居等客观原因，因此公推太学生武翰上书，地方志中载有嘉靖十三年武翰《止迁城议》一文。在《止迁城议》中，武翰分析利害多寡和民情苦乐，成功终止了搬迁计划，也由此得到民众感念。

武翰之子武时杰在外担任县令，清正廉明，造福一方。武翰的传世书法作品，可见于今滨湖街道佃户李社区出土的"汤阴尹王擢夫妇墓志铭"。

免役宽民的甄沛

甄沛，嘉靖五年（1526年）生，卒年不详，字汝泽，鱼台人，嘉靖三十八年己未科殿试进士，第三甲赐同进士出身第二十三名。与弟甄津为同科进士。父亲甄铠，曾任潞城县主簿，德行高尚。

甄沛性格沉稳安静，风度淡然优雅，但精明能干、处事果决。他还是秀才时就以天下为己任。考中进士后，甄沛最初担任开封司礼，明察秋毫，连从事多年的老吏也欺瞒不了他。不久，他升任南京工科谏议，遇事敢于发表意见，正直之名朝野皆知。当时，尚书朱衡因为谷亭的旧运河出现决口难以治理，于是开凿从夏镇（旧属鱼台，今微山县城）到南阳（旧属鱼台，今微山县南阳镇）的新河道，因征派大量民夫而引起民怨。甄沛上疏表示反对后，朱衡担心这会影响河道工程，于是派亲信询问甄沛的建议。甄沛认为鱼台是一个小县，既要承担挖河清淤的劳役，又要承担防治黄河决口的劳役，百姓无法承担繁重的任务，应当免去后者。朱衡于是免去了鱼台百姓修治黄河的工役，并自此以后成为定例。甄沛这一建议，庇护了他家乡的父老乡亲。

甄沛后来被举荐为江西省布政司参议，严肃清廉，属下官员对他既敬又怕。甄沛享有很高的名望，他去世的时候，朝野上下都为之惋惜。

甄沛的弟弟甄津，字汝问，性情孝顺友爱，与兄甄沛为同科进士，就像花和萼相互辉映一样。当时的主考官称赞他们为"二惠竞爽"。甄津先后任句容、无锡县令，俱以惠政闻名。不久，他升任刑部主事、郎中曹郎，秉公执法，平反冤假错案。甄津侍奉父母笃孝，父母去世后就把哥哥当作父母一样服侍敬重，到老也没有懈怠。

古稀请愿的王玉相

王玉相（1856—1926年），字宦卿，鱼台县鱼城镇王家胡同人，晚清进士，山东省议事会会员。他自幼从父读书，聪敏好学，清光绪十五年（1889年）中举人，光绪二十一年赴京应试，考取进士，应试期间，曾参与康有为发动的要求拒签《马关条约》的"公车上书"活动，是签名的1300余名举人之一。

王玉相曾任鱼台湖陵书院教习，1898年后，历任山东省议事会会员兼鱼台县议事会会长、河北省武定府儒学正堂，1911年辛亥革命后返乡。1926年，黄河、运河决口，鱼台"平地水深五尺"，作物淹没，房屋倒塌，灾情极重。王玉相以古稀之躯亲赴济南，到省府为灾民请愿，客死济南。

济世安民的鱼台籍官员

治县有方的刘澄

刘澄，生卒年不详，字元襄，号泗山，刘芳声（"五里三进士"之一）长子，鱼台人。

他以恩贡生的身份任湖州司马。湖州是浙江的大郡，由于与江苏南部地区隔太湖相连，土匪和盐枭活动猖獗，是当地商人和百姓的一大祸害。刘澄到任数月间，即对这些人进行打击和铲除，使境内远近平服。

不久，刘澄主政安吉州，正逢当地荒年，他便亲自按照救济名单查访百姓，在名单之外又救助一千余户受灾百姓。上司看重他的才干，发文调他担任宁波知府，又逢象山县遭遇海啸、人手紧缺，于是又兼管象山县。象山县原有防汛的队伍，向来很难调动指挥，刘澄依照律法对其进行了严惩，汛兵主将记恨他，栽赃他在征调粮饷时丢失了官船，但刘澄只是变卖了自己的家产来赔偿损失，同僚们无不称赞他为厚德长者。

后来，浙江巡抚打算疏浚嘉兴境内的河道，问及刘澄，他讲得头头是道，巡抚感到惊异，就把这事交给他主办。刘澄用几个月的时间就完成了此事，而且没有给百姓增加额外负担。刘澄处理其他事情也是手到擒来，对所辖各县县务都安排得很周到。后来，刘澄在任上去世，雍正元年（1723年），进入乡贤祠。

德行功业并著的刘廷珺

刘廷珺，生卒年不详，字荆美，鱼台人。

刘廷珺天性极为孝顺，四岁时父亲去世，他悲痛号哭如大人。父亲去世后，他每天陪伴在母亲胡氏身边。母亲素来严明事理，日夜监督他读书，所以刘廷珺很早就中了秀才，随即成为太学生，并立志显亲扬名。

雍正六年（1728年），刘廷琚被安排到浙江试用。浙江总督命他前去追缴拖欠的钱税，他把事情办得很妥当，没有惊扰百姓，大家都认可他的能力，刘廷琚遂被调任瑞安知县。瑞安与福建交界，又是沿海，境内山势连绵，地方偏僻而民风彪悍，刘廷琚凭借自己清廉正直的品质，把此地治理得井井有条，受到百姓爱戴。瑞安的前任知县因为无法归还公款亏空，一直羁留瑞安。刘廷琚用尽办法帮他补上亏空，并且送给他路费，帮助他顺利还乡。瑞安原本有一项"渔税"，地方征收后一直用作县衙的各项费用和福利开支，刘廷琚为了百姓生计，苦口婆心地劝说吏员们："老百姓成日风吹日晒，靠着打鱼才赚得一点血汗钱，官府却连这些都要拿走，这样能行吗？"为此，他立了一块石碑，刻上禁令，规定永远不得向百姓收取"渔税"。在农田问题上，刘廷琚也毫不含糊。瑞安的田地不是梯田，就是水田，从来没有固定的边界，百姓经常因为田地的问题打官司。刘廷琚为百姓详细厘清地界，使财富力强者不能侵占别人的土地，财少力弱者不至于交空头的粮租，阡陌地头，到处都是称颂他的声音。

后来，刘廷琚在赴任嵊县的路上，死在山阴（今浙江绍兴）的旅馆中。他为官清贫，以至于他的儿子要变卖家中的田产才能把他的棺材接回故里。

"孟津成闰"、重视教育的马增华

马增华，生卒年不详，字朴岩，号琴泉，鱼台人。

马增华自幼嗜书，年仅弱冠便精通举业，乾隆六十年（1795年）通过乡试成为举人。他曾历任河南省祥符、河内、鄢陵、光山、桐柏、阳武、孟县、孟津等县的知县，每每履职，总有政绩。他代管阳武县时，白莲教教徒王伦率教众起兵，相邻县大多失守，只有阳武县安然无恙，并且设法捉住了敌军头领尹正等。然而，马增华并没有居功，反而将这份功劳归到原任杨某名下。朝廷知道这一情况后，对他大加嘉奖，授予他"孟津成闻"的名号。由于马增华治理得当，监狱都是空的。他处理政务之余，利用闲暇时间，日日与治下的生员们共同学习，其中很多人都在科场中榜上有名。马增华这样长于政事、善理民生、重视教育的人，堪称地方官员中的楷模。

文化名家

"建安七子"之首王粲

王粲（177—217年），字仲宣，东汉山阳郡高平县（旧属鱼台，今归微山）人，为建安文学的代表人物之一，位居"建安七子"之首，官至侍中。

王粲出身于显贵家庭，曾祖父、祖父官至太尉、司空。他幼时聪颖好学，因其得天独厚的家庭环境，故有机会博览群书，从小就以博闻强记著称。据《三国志·王卫二刘傅传》记载，王粲与人同行，见道边石碑，默记内容，背诵时一字不差。王粲休闲时曾看人下棋，对弈双方因行棋产生纠纷，误将棋盘掀翻后两人越闹越凶。王粲凭记忆把棋子重新摆好，黑白棋子各回原位，在场人无不惊叹。二人纠纷由此化解，和好如初。

汉献帝西迁，王粲也随父亲迁往长安，他在长安深得著名学者蔡邕的赏识。当时蔡邕才学显著，在朝廷中颇有地位，但听说王粲来拜，竟慌忙起身，"倒屣迎之"。……蔡邕说："此王公孙也，有异才，吾不如也。吾家书籍文章，尽当与之。"（《三国志·王卫二刘傅传》）

后来，王粲为躲避战乱，到荆州避难。时任荆州牧的刘表是王粲的同乡，但由于"粲貌寝通脱"（《世说新语·伤逝》），刘表不予重用，王粲的才能一直不能发挥。31岁时，王粲毅然投奔曹操。刘表去世后，其子刘琮接替父亲当上荆州牧。曹操率军南下时，王粲力劝刘琮归顺曹操，后因此劝说之功，王粲得以任丞相掾、赐爵关内侯。不久王粲又担任侍中，深得曹操父子的信赖。

王粲是建安文学的代表人物之一，与同时代的陈琳、徐干、阮瑀、孔融、应场、刘桢并称"建安七子"。七人中，王粲的成就最高。王粲以诗赋见长，其诗赋讲究锻字炼句，风格清丽，读后令人回味无穷。《初征》《登楼赋》《槐赋》《七哀诗》等是其作品的精华，也是建安时代抒情小赋和诗的代表性作品。后人将他留下的这近六十篇诗赋辑为一书，名为《王侍中集》。

建安二十一年（216年），王粲跟随曹操的队伍征吴，第二年春天病死途中。史载："王仲宣好驴鸣。既葬，文帝临其丧，顾语同游曰：'王好驴鸣，可各作一声以送之。'赴客皆一作驴鸣。"（《世说新语·伤逝》）

仲长统著《昌言》

仲长统（180—220年），字公理，东汉山阳郡高平县（旧属鱼台，今归微山）人。

仲长统年少好学，博览群书，长于文辞。二十多岁时，他在青州、徐州、并州与冀州一带游历求学，与他交好的朋友大多都惊异于他的才华。并州刺史高干是袁绍的外甥，素来重视有名望的人，喜好招徕周游天下的士人，士人多数归附于他。仲长统拜访高干时，高干予以厚待，并且向他询问当时的天下大势。仲长统诚恳地对高干说："你虽然有远大的志向但是缺少雄才，虽然喜欢招徕士人但不懂得挑选任用他们，你应当深以为戒。"然而，高干为人骄傲自负，并没有听从仲长统的谏言。不久，高干在并州反叛曹操，最终以失败告终。并州和冀州一带的士人对仲长统的知人之明感到惊异。

仲长统性格洒脱，敢于直言，不拘小节，时而沉默，时而多话，当时有人称之为"狂生"。每当州郡征召、任命他时，他总是称病不去。仲长统认为，凡是在帝王身边从事的人，只不过是想要立身扬名罢了，但名声不能长久地存在，人生也容易湮灭无存，优游俯仰于天地之间，可以自娱自乐，愉悦身心。他说："如果我居住的地方有良田广宅，依山傍水，门前沟渠环绕，周围遍布竹林树木，屋子前后有果园菜地，还有舟车用以代步，可以免去四体的劳碌，我便可以有充足的膳食奉养双亲，妻子和儿女也能免于辛苦的劳作。若有好友到来，就用美酒佳肴来招待；若遇到节庆吉日，就烹煮猪羊来供奉。我在田地林间漫步游戏，撩拨清水，追逐凉风，钓两三尾锦鲤，张弓射雁。我在高台上歌咏，在房间里休息，学习老庄的玄学，呼吸吐纳以养生，追求'至人无己'的境界。我还能和三两好友论道讲书，俯仰之间品评天下人物，吹弹演奏出高雅清妙的乐音。我逍遥一世，睥睨天地，不受当时的责难，永保性命寿数。如此，我的精神就可以凌驾霄汉、超脱宇宙了。对于那些进入帝王之门的人，我又有何可羡慕的呢？"

尚书令荀彧听闻仲长统的名声之大，就举荐他担任尚书郎。后来，仲长统在曹操身边参谋军事，每当谈论到古今人物与当时的风俗行为时，他常常发愤叹息。他为此撰写了著作《昌言》，共三十四篇，计十余万字。

延康元年（220年），汉献帝把帝位禅让给曹丕。同年，仲长统去世，年仅四十一岁。他的朋友东海郡人缪袭常常称赞仲长统的才能足以继西汉董仲舒、贾谊、刘向、杨雄之后。在《昌言》一书中有很多有利于政事的内容，如《理乱篇》《损益篇》《法诫篇》等。

目送归鸿的谈玄之士：王弼与张湛

魏晋时代，在经历重大政治经济波折的同时，思想文化也呈现出新的面貌，《周易》《老子》《庄子》并称"三玄"，其他佛、道教文献也受到士人推崇，悠远的玄学之风在中国思想史上留下了浓墨重彩的一笔。玄学的奠基人、"正始名士"王弼与《列子注》的作者张湛皆出自古代鱼台，也充分彰显了古代鱼台地区深厚的文化积淀。

王弼

王弼（227—249年），字辅嗣，魏晋时山阳郡高平县（旧属鱼台，今归微山）人，王粲嗣孙。他年少时聪慧且敏于观察，十几岁的时候就喜好老子的学问，喜欢谈论儒道，能言善辩。

王弼还不到二十岁的时候，曾拜访过当时的吏部郎裴徽。裴徽对他的才华感到惊异，问他道："夫无者，诚万物之所资也，然圣人莫肯致言，而老子申之无已者何？"王弼回答："圣人体无，无又不可以训，故不说也。老子是有者也，故恒言无所不足。"不久，他们的谈话就被时任吏部尚书的何晏知道了，何晏感叹道："孔夫子说'后生可畏'，像王弼这样的人，是可以与我谈论天人关系的呀！"淮南人刘陶，善论纵横，备受当时人们的推崇。每当他和王弼谈论问题时，都经常被王弼折服。

正始年间，黄门侍郎一职常常缺人，何晏任用贾充、裴秀、朱整后，又与人商议想任用王弼。当时，丁谧和何晏在朝中暗自较量，丁谧向大将军曹爽推荐了高邑人王黎担任此职，曹爽同意了，于是安排王弼担任了尚书台郎。王弼初到任时拜见曹爽，曹爽屏退左右，但王弼只与他论道，没有提及其他内容，曹爽因此轻视他。当时，曹爽在朝廷上专权独大，大量任用亲信党羽，王弼通达，不经营自己的名声。不久，王黎病故，曹爽用王沈代替王黎，王弼也未能继续留任台郎的官职，何晏只得叹惋遗憾。王弼在尚书台的日子很短，资历尚浅，谋取事功也并非他所擅长，也就更加不被注意。

王弼天资卓越，处事得当，喜好交游宴饮，通晓音律，擅长投壶。虽然他在论道写作文辞方面不如何晏，但在自然领悟得道方面比何晏出色。然而，王弼也会凭借自己的长处取笑他人，为当时的士人君子所诟病。

何晏认为圣人不应有喜怒哀乐且论述十分精密，钟会等人同意并转述他的观点。王弼所见与何晏不同，他认为圣人比常人的神明更为丰茂，却有着和常人一样的五情，丰茂的神明让圣人能够以淡泊平和之体通"无"之境，而与常人共同的五情让圣人拥有了能够顺应万物的哀乐之情，但圣人的情感，顺应万物却不受到万物的拖累。

王弼为《易》作注，颍川人荀融用《系辞上》中"大衍"的要义来为难他，王弼知道荀融的意图，便写信讽刺他。王弼又为《老子》作注，仅详其要旨大略，细致且有条理。他著有《道略论》，为《易》作注时常有高妙的言论。就连喜好高谈阔论、诟病老庄的太原人王济都曾说："读了王弼作的《易》注，领悟到了很多东西。"

王弼为人简单，不通达人情世故，早年与王黎、荀融关系较好，王黎取代他成为黄门侍郎后，他开始怨恨王黎，与荀融的关系也没有保持到最后。

正始十年（249年），曹爽被杀，王弼受到牵连，免死罢职。这年秋天，王弼因疠疾去世，年仅二十四岁。

张湛

张湛，生卒年不详，字处度，东晋山阳郡高平县（旧属鱼台，今归微山）人，曾为《列子》作注，官至中书侍郎、光禄勋。

张湛出身于具有玄学文化传统的山阳郡高平县的张氏家族，其祖父张嶷为"元康放达派"，后为永嘉南渡的第一代东晋名士，因放达不羁而为兖州"四伯"之一。张湛撰有《养生要集》《列子注》《冲虚至德真经注》等。自序中称，其祖父少时在亲属家抄录奇书，遭遇永嘉之乱，偕书南渡，途中有所遗失。

张湛认为养生要顺乎自然之道，他撰写的《养生要集》是古代著名的养生学著作，但原书已佚，其部分内容见于《养性延命录》《医心方》《太平御览》及所注《列子》等书中。

仁心仁术：鱼台境内的医学名家

医学在古代被归于方技、子部之类，但其切于人伦日用，居功甚著。千百年来，鱼台境内名医辈出，诸如魏晋时期的王叔和，清代以来的张敦本、阎传钦、冯广训等等，他们仁心仁术，造福一方，又何可胜道哉！

集脉学大成的王叔和

王叔和（210—280年），名熙，字叔和，山阳郡高平县（旧属鱼台，现归微山）人，魏晋时期著名医学家，官至太医令。他与同时代军事家刘表、文学家王粲是同乡，与王粲也是同族。

王叔和出身寒微，目睹疾病与战争给人民带来的灾难。因此，他非常同情人民群众的疾苦，自幼立志从医。他的一生经历了东汉、三国与西晋前期，虽然历经战乱，但是他献身医学的意志始终不移。他沉静聪慧，虚心好学，熟读经史，贯通古今。渊博的学识为他以后的业绩奠定了深厚的基础。

三国曹魏时期，王叔和被擢为太医令，主持朝内医改，并直接为皇帝治病。王叔和任太医令之后，着手整理古代医学典籍。由于战乱频繁，不少医学手稿散失佚落或残缺不全。王叔和首先将张仲景的《伤寒杂病论》遗稿进行整理、编次、校订、补充，去芜存菁，并补入《辨脉》《平脉》《伤寒例》三篇内容，析为《伤寒论》与《金匮要略》两书，使这一名著得以流传。王叔和补入的内容，是汉晋之前医学理论与实践经验的总结，是六经辨证论治的要领，奠定了中医科学辨证论治的基础。

《伤寒论》以论述各种外感热性病为主，包括397种疗法，113个处方，应用药物有80多种。《金匮要略》共三卷，上论伤寒，中论杂病，下载药方，以论述内科杂病为主，也涉及一些妇科和外科病，对诊断、病因、治疗和方剂等都有说明。后世医学家对王叔和的功绩给予高度评价。宋代林亿在《伤寒论序》中云："仲景之书，及今八百余年，不坠于地者，皆其力也。"清初医学家徐灵胎也认为："不有叔和，焉有此书？"人们尊称"仲景、叔和医之圣也，百世之师也"。历代医学家正确地阐释了张仲景遗著与王叔和的关系，是当代人了解王叔和生平事迹的重要根据。

王叔和还收集整理春秋末年名医扁鹊及东汉末年外科大师华佗的遗文，将其收录在《脉经》一书中，定篇名为《扁鹊、华佗察声色要诀》。此前，人们只能从《韩非子》《战国策》《史记》等书中了解扁鹊的事迹，名医华佗的著作也仅见于《隋书·经籍志》和《宋史·艺文志》。如果没有王叔和的整理，扁鹊、华佗的遗文可能全然湮灭于岁月中。

王叔和的另一贡献是写作《脉经》一书。中国脉学发源较早，春秋战国时期的医书《内经》《难经》中就有诊脉的记载。魏晋之前，名医扁鹊、张仲景、华佗对脉学均有建树，但因资料零乱、缺乏系统总结，无法被世人采用。王叔和在总结前人脉学理论的基础上，广征博引，"采摭群论"，深入阐明病理，结合人的生理及各种征候进行系统研究，完成《脉经》巨著，可谓集此前脉学理论之大成。全书分10卷，

脉学专著《脉经》书影

共98篇，10万余字，书中将脉的生理病理变化与疾病的关系归纳为24种脉象，并对每一种脉象作出详细的理论阐述。他的总结准确形象，易于鉴别，容易掌握，大大提高了疾病诊断的准确程度，受到历代医家的推崇。后世《脉诀刊误》《诊家正眼》《诊家枢要》《诊宗三昧》等书虽又增加了数种脉象，但最常见的基础脉象均未超出王叔和总结的范围。王叔和对脉象的总结是有史以来人们第一次对脉象进行排列对比，第一次对诊脉进行深入总结。

王氏脉学在理论指导、临床应用、医学实践中均有重大价值。秦汉以前，切脉采用的是"遍身诊"，即从头至足凡是触摸到的动脉均列入候脉范围。秦汉时期发展为"三部诊"，即"三部九候"：颈部的"人迎"、足部的"趺阳"、手腕部的"寸口"三个部位。王叔和在总结前人经验的基础上，根据自己多年的临床经验，吸收《难经》中关于"寸口为人身经脉会合处"的主张，创造性地提出"独取寸口"的"三部九候"切脉新方法。"三部"即手腕上的寸部、关部、尺部三个部位，"九候"即每一部位切脉三次为浮取、中取、重按沉取三种手法。因左右手均有三部，故后人亦称之为"三部九候十八诊"。关于手腕部的寸、关、尺三部定位，王叔和认为"寸、关、尺各得一寸"，后世医家均主此说。"独取寸口"的切脉新方法简便易行，甚得要领，得以迅速推广，并被历代临床诊断所采用。王叔和还提出了定位诊断：左手寸部主心、小肠，关部主肝、胆；右手寸部主肺、大肠，关部主脾、胃；两手尺部均主肾、膀胱。17个世纪过去了，中国医学界的切脉方法仍不改先辙，王氏脉学理论仍然发挥着重大作用，指导着中国中医学的实践。

此外，王叔和在《脉经》一书中，不仅详细阐述了脉象与生理、病理变化的关系，提出"三部九候"的切脉新方法，而且主张辨证施治。他提出病有可发汗症与不可发汗症、可吐症与不可吐症、可灸症与不可灸症、可刺症与不可刺症等，并加以论述，发展了张仲景的辨证论治思想。

王叔和编著的《脉经》一书受到历代医学家的重视。隋唐时期，《脉经》被皇室太医署列为学医必读之书，而后传入日本、中东、欧洲等地。元代吕复称之为"医门之龟鉴，诊切之指的"，明代缪希雍称王氏脉学理论为"百世之准绳"。

中国医学史中，张仲景以内科著称，华佗以外科名世，孙思邈专于治疗配方与医德的阐发，药物学则推尊李时珍，而王叔和则是脉学的集大成者。诊断学从中医中独立出来成为一个专门学科，始于王叔和所著的《脉经》。故此，人们将王叔和尊为诊断学的创始人。此外，王叔和还撰有《脉诀》《脉赋》《张仲景药方》等书。

王叔和晚年遭遇战乱，为避难而流落异乡，逝世于荆州。由于王叔和晚年在荆州不辞劳苦为百姓治病，使不少病人起死回生，转危为安，因而，襄阳地区至今流传着许多王叔和治病救人的动人故事。王氏后人将王叔和就近葬于今湖北省麻城市白果镇药王冲，坟墓至今犹存。受到王叔和恩惠的百姓为了纪念他，又在岘山之麓为他建造衣冠冢。

张敦本

张敦本（1796—1875年），字道源，鱼台县王庙镇后楼村人。

张敦本自幼熟读"四书五经"，但因三弟误于庸医，身为县学庠生的他遂潜心医学。他精通《内经》，为了辨明脏腑、探究人体的生理结构，张敦本多次到乱葬岗子解剖死婴，并绘图留记，先后用5年时间撰成解剖专著《医林内经》。此外，张敦本还著有《脉诊析中验方随笔》。

张敦本治病救人不图名利，不卖药，不收费，登门求医者络绎不绝，其医术、医德闻名于邻近数县。

阎传钦

阎传钦（1855—1927年），字省堂，号敬斋，鱼台县罗屯镇大阎村人。

阎传钦之父精于医术，为继承父亲的事业，阎传钦潜心钻研《素问》《灵枢》等医书，不断提高医术，他在妇科、内科方面的造诣较深，尤擅长外科。他能以针砭代替手术，医治难产、腑内积聚、肺痈、肠痈等疾病，一时誉满兖、沂、曹、济等地，登门求医者络绎不绝。

清光绪六年（1880年），阎传钦被补为鱼台县丞。他热心家乡民生事业，广受地方尊崇。据罗屯镇现存的阎省堂先生教泽碑和阎先生德望碑记载，清廷曾封他为"奉政大夫候选县丞"，民国时期他曾获得"二等银质嘉奖章"，任鱼台县"第一期县自治会议员智方第八团团正"。

冯广训

冯广训，生卒年不详，鱼台人。光绪十五年（1889年），冯广训在鱼台县城开设"广济堂"药铺，因治愈天花，被县令任命为鱼台医官，专治痘疹，每年接种约3000例，成为鱼台县为儿童施种牛痘的第一人。

崇德书院创建者韩襄

韩襄，生卒年不详，字南园，今鱼台县唐马镇韩庄村人。明弘治十四年（1501年）举人，历任东安县令、郧阳府和怀庆府同知、工部员外郎等职。

韩襄一度致力于家乡文教事业。嘉靖初年，他与当时的鱼台县学生员随鹍（1525年中举）共同在谷亭镇创建崇德书院。该书院历经明清两代多次重修，对教化培养地方民众士子起到很大作用，在鱼台历史上影响深远。康熙版《鱼台县志·艺文志》中收录韩襄的《报赛城隍庙记》《谷亭镇重修关圣庙记》文章两篇。

今唐马镇卷棚楼村韩庄自然村存有封赠韩襄父母的圣旨碑，刻立时间为嘉靖十一年（1532年），材质为韩襄任职东安县（今河北省廊坊市安次区）时就近取材于房山的汉白玉。

科举文教的地方名片："五里三进士"

明清鱼台人才辈出，在科举文教方面有著名的"五里三进士"。王四聪、刘芳声、朱之玉三人居里相连，在明末清初相继题名金榜，三人皆是"联捷进士"，刘、朱二人甚至同榜高中，成为不可多得的地方佳话而经久流传，也彰显了鱼台地区的文教之盛、人杰地灵。

王四聪

王四聪（1585—1634年），字景虞，号朕耳，鱼台县张黄镇三里屯村人，明朝天启元年（1621年）、二年"联捷进士"（天启元年秋中举人、次年春中进士），一时名声大噪。

王四聪初任户部主事，主管军饷事宜。当时山海关守军缺粮，人心惶惶，王四聪协助内阁大学士孙承宗极力谋划筹措，终于完成补给任务，随后升任永平（今秦皇岛、唐山、山海关一带）知府。王四聪在任时惩恶除暴，治下风气肃然，仕宦百姓为他立碑，赞颂他的功德。因其功劳昭彰，当朝对王四聪予以封赐。据王氏族谱载，"御封北平二千石"，赐封王家建花园一处，被称为王花园。王四聪的文章在当时也属上乘，著有《织履草诗集》。王四聪原居住地为王堀堆村，死后葬于王集村，花园由其三子继承。王四聪去世后，清代顺治八年（1651年），按照御旨，入"乡贤祠"接受供奉。

刘芳声

刘芳声（1617—1700年），字茂远，号起馨，鱼台县王庙镇刘花园村人，清朝顺治二年（1645年）、三年"联捷进士"（清顺治二年秋中举人，次年春中进士）。

刘芳声初任户部郎中，多有建树，后被任命为巩昌（今陇西地区）知府，扶绥地方，政绩卓著。皇帝下诏征求直言时，刘芳声上奏四件事：一是革除婚姻中的彩礼，二是禁止民间私人借贷，三是提高驿站邮递人员的待遇，四是加强对孤贫人口的救济。四事均得准奏，巩昌长期积累的弊端一扫而空。

后来，刘芳声升任广西按察副使，因丁父忧而不赴。服丧结束后，刘芳声被起复为贵州毕节道。当时，广西苗族和其他少数民族起事，贵阳戒严。刘芳声带着警卫人员前去赴任，甫入境不过百里，就在半夜遭遇一批人马抢夺他的兵符。眼看所住驿馆被围，刘芳声命令家丁在旅馆门前与来人战斗，自己则穿上铠甲，借机从窗户缝隙中放箭射死对方首领，乘乱骑马离开，连夜抵达省城。由于行李衣物都被夺走，刘芳声设伏等待对方来赚城。果然如他所料，前来的队伍全被埋伏好的军士擒获，动乱由此平息。上司认为他用兵如神，提拔他为福建建南道参政。刘芳声刚要赴任，安顺就发生兵变，敌军盘踞在凤凰山上，三院联合上奏请留下刘芳声主持军务。刘芳声临危受命，孤身一人来

重建玉帝阁碑记（1694年）（由刘芳声撰文，现存清河镇姚庙小学）

到凤凰山招抚。山上的人听说后，纷纷跪在刘芳声马前投降，刘芳声兵不血刃地平息了局面。

贵州学政因为兵变患上心悸，刘芳声就帮他办理学政，不仅选拔出了具有真才实学的人，而且黜退了一批不合格的士人，官民无不心悦诚服。后来，学政一职将要裁撤，他便极力请辞回乡，不再复出。这一年，他刚满50岁。

刘芳声天性孝顺友爱，为人慷慨有大志，嗜好读书，善行草书。回乡以后，他在家乡多行善事，设立义学，不仅提高老师的酬金，还提高义学里师生的生活费，吸引了四方学子，一时，此地读书求学之风盛行。后来，刘芳声参与编撰康熙版《鱼台县志》，又参与编撰《棠荫汇编》，保留了康熙年间很多地方的珍贵历史资料。

刘芳声晚年受康熙召见并于国子监赐宴。当时鱼台百姓承担的河桥驿站等劳役非常繁重，刘芳声向上级官员力陈此事，终于为百姓求得减免并成为定例，赢得了县中赞誉。

刘芳声活到80多岁，子孙满堂。刘芳声去世后进入名宦、乡贤两祠接受供奉。

朱之玉

朱之玉，生卒年不详，字席珍，号荆公，鱼台朱村（今张黄镇于梅村朱集）人，清朝顺治二年（1645年）、三年"联捷进士"（清顺治二年秋中举人，次年春中进士），与刘芳声同榜。

朱之玉的曾祖父朱禄，为明正德年间举人，曾任河北武清（今属天津）县令，为官清正廉洁。朱之玉的父亲朱从禹，在他周岁时便已去世，其母解氏辛苦守节，把他抚养成人。

朱之玉7岁开始读书，自幼聪明过人。年龄稍长，慢慢体会到母亲守节抚养他的艰辛，对母亲越发孝顺恭敬。朱之玉生在明末，几次遭遇流民变乱，有一次险遭杀害，但"流寇"感念其侍母至孝，便放了他。

顺治三年（1646年），他与刘芳声同科中进士。及第后，朱之玉向皇帝上疏，详细陈述母亲解氏守节的事迹，皇帝随即下旨，拨银两为解氏建牌坊。朱之玉后任直隶永宁县（治所在今北京延庆区永宁镇）尹，又调任湖广蓝山县（今属湖南永州市）令。任职期间，他爱护百姓，教养士人，官声甚佳。

母亲去世，朱之玉回家守丧，就此不再出仕，优游乡里，受到乡邻的爱戴。顺治九年（1652年），受县令王荣国委托，朱之玉主修《鱼台县志》。

教授地方、勤于著述的学人代表：鱼台"三马"

明清时期，鱼台文教兴盛，地方人文学术名家众多，鱼台"三马"为其中的佼佼者。"三马"之中，马邦玉和马邦举为同胞兄弟，马星翼是马邦玉之子，三人均以学术精湛、著述丰厚而闻名，为学界所称道。

马邦玉

马邦玉（1762—1825年），字荆石，号寄园，清代乾隆、嘉庆年间人，原籍鱼台。

马邦玉年幼时便聪明好学，一日能读千言，七岁便会写文章。古滕州的孙夏芳先生常常对人说："马邦玉从早到晚都能保持机敏，真是奇才啊！"他20岁游历江南，多次寄居萧县、宿县、灵璧等地，他的学生多是知名人士。

乾隆五十四年（1789年），马邦玉被选拔为贡生。四年之后，授费县训导，修缮官办学校，严格按月考核成绩，大家都肯定他为人公正。嘉庆二年（1797年），马邦玉任济阳训导。当时县内的吏员借口河道工事苛待百姓、加派劳役，以致百姓聚众闹事，县令仓皇无措，马邦玉亲自制定了章程并明确告知父老乡亲，乱象得到了平定，民心也安定下来。

嘉庆六年（1801年），马邦玉成为举人，后增补为单县教谕。在单县期间，他创办学校，帮助单县县令修缮鸣琴书院，建造义学30余处。嘉庆十八年秋，曹县、定陶一带有白莲教教徒作乱，单县也受到侵扰。马邦玉身先士卒，与同僚巡夜守城、征集粮食、召集民夫士卒，并用计消灭城北教徒，因功升职。后来，马邦玉升任登州府学校教授，未及上任去世，终年64岁。

马邦玉生性光明磊落，遇事重视细节，好古力学，尤其精通金石文字和古代文献经典。他的著作有《汉碑录文》《古意记存》《金石寓目记》《寄园随笔》各一卷，《怀续堂文集》《诗集》各二卷。他在金石学领域造诣颇深，影响较大，发现并保护杨叔恭残碑（今藏于故宫博物院）等汉代石刻。其子马星房、马星翼为嘉庆癸酉年（1813年）间同榜举人，马星箕为当年的贡生。

马邦举

马邦举，生卒年不详，号卧庐，马邦玉胞弟，鱼台人，嘉庆庚申年（1800年）举人，乙丑年（1805年）进士。

马邦举年幼读书时，性情稍显迟钝，长大成人后，聪明才智才显现出来。他见闻深广、知识渊博，广泛阅读各种经书。壮年时期，出游江南各地，多次寄居萧县、宿迁等多个州郡，有好多学生集结在他的门下读书。

起初，皇上欲任马邦举为县令，后来让他改任曹州府教授。在曹县任职期间，跟随马邦举读书学习的人更多。他编注过《周易》《尚书》《毛诗》《春秋三传考略》等书，另有《竹书纪年古史》《说文》及《两汉魏晋字声考略》等著作。

马邦举的夫人孙氏，能熟练地吟诵诗文，擅长书法绘画，著有《垚居书屋诗赋集》。其子马星壁，道光乙酉年（1825年）拔贡，著有《释布》一书。

马星翼

马星翼（1790—1873年），字仲张，号东泉，马邦玉次子，鱼台人，随父寄居邹县西曹社安马庄。

马星翼少年时才智过人，聪明伶俐，九岁会写文章，童年进乡学读书，20岁考取乡试副榜贡生，嘉庆十八年（1813年）中举，先后出任乐陵、临朐、招远、茌平等县教谕。他任乐陵县教谕时间最久，弟子考取功名者甚多。不久，他又与其兄马星房同时被举荐参加省城考试。嘉庆二十三年考中进士时，马星翼与父亲马邦玉、兄长马星房一同进京，人们视他们父子如"三苏"（苏洵、苏轼、苏辙）。

父亲、兄长相继去世后，马星翼不再追求名利显达，只把读书写

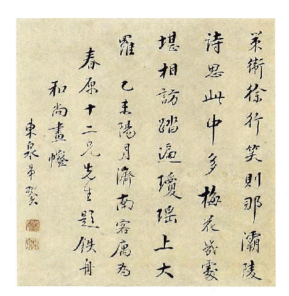
马星翼书法

文章作为本分。后经礼部挑选，马星翼到乐陵县任教谕。当时乡间极不安宁，马星翼代表官方前去平定，凡是被牵连的学生均得以平反昭雪。马星翼因病回乡后，在邹城附近书院任主讲，年老时还能生动形象地给学生论述讲说。

马星翼的著作有《论语孝经集说》《尚书广义》《国策补遗》《诗文集》《东泉诗话》《邹邑金石志》及《金石隶编》等书。

经史大家屈万里

屈万里（1907—1979年），字翼鹏，山东省鱼台县王鲁乡东华村人。

屈万里7岁开始在私塾学习，1922年考入省立第七中学，1925年入济南私立东鲁中学学习。他笃志好古，常常埋首苦读经典直至深夜。1928年"济南惨案"发生后，屈万里返回鱼台任县图书馆馆长兼师范

233

抗战中重庆国立中央图书馆同仁合影（前排右一为屈万里）（山东省图书馆地方文献部供图）

讲习所教员。不久，他北上深造于北京私立郁文学院。1931年肄业后供职于山东省立图书馆，历任馆员、编藏部主任。在馆期间，屈万里搜阅诸书，博览馆内中文藏书，为其毕生从事文史研究奠定雄厚根基。

屈万里就职山东省立图书馆期间，为馆藏古籍文物保护事业付出良多。1937年抗日战争全面爆发后，馆中同事大多请假避难，在敌军轰炸威胁生命的危难关头，屈万里慨然接下护送文物南下的重任，随时任馆长王献唐一路辗转，历经坎坷，终将登记造册的744件金石器物、438种（20余万册）书籍、71件书法作品、67件名画、33件金石拓本自山东运抵四川万县。后来，屈万里将此番经历写成《载书漂流记》一文，并于1976年发表在台湾出版的《山东文献》第二卷第三、四两期，文后还附载了《山东省立图书馆第一次运往曲阜金石典籍书画目录》。《载书漂流记》不仅是山东省的重要文献，也是中国图书馆史的一项重要史料。

1940年后，屈万里就职国民党中央图书馆及国民党中央研究院历史语言研究所，钻研甲骨文。1945年，他同国民党中央图书馆一起去南京，历任编纂、特藏组主任。1949年，屈万里到台湾后，应台湾大学校长傅斯年之聘，任副教授兼文书组主任。1953年，已辞去兼职、潜心治学的屈万里晋升教授，并于1957年任台湾"中央研究院历史语言研究所"研究员。1972年，他凭借在先秦史料、甲骨文、目录校勘学等领域的成就当选为台湾"中央研究院院士"，后兼任台湾"中央研究院历史语言研究所"所长，先后应聘为美国普林斯顿高深研究所研究员、普林斯顿大学客座教授、加拿大多伦多大学访问教授、新加坡南洋大学客座教授。

屈万里师从傅斯年，在治学中，他以三事自誓：一、绝对服从真理；二、绝不做意气之争；三、绝不用连自己都不相信的理由来增强自己的论据，终于以"淹通宏博、善考索、精鉴别"成为一代学术宗师。他在经学、古文字学、史学、目录学、版本学、校勘学、辨伪学等领域均有涉猎，且颇为精通，著述甚丰。

经学是屈万里毕生用功最多之学，尤善用近人新发现的金石类资料，专书有《汉魏石经残字二卷校录一卷》《汉石经尚书残字集证》《汉石经尚书残字集证》《先秦汉魏易例述评》《尚书集释》《诗经诠释》等，单篇论文不胜列举。其次是古文字学，尤其是对甲骨文的研究。屈万里擅长用甲骨文知识解决古书上的许多问题，其所著《殷墟文字甲编考释》一书共40万字，可谓巨构。屈万里在上古先秦时期的史学研究方面也颇有建树，著有《谥法滥觞于殷代论》《读周书世俘篇》等。其中《我国传统古史说之破坏和古代信史的重建》一文，提出了他对古史重建的看法，对复兴文化及历史寻根活动起到了推动作用。此外，屈万里还通过目录学、版本学、校勘学、辨伪学等考据功夫来检验、考辨文史资料，留有专著《图书版本学要略》和《先秦文史资料考辨》等。

居台期间，除了学术上的成就，屈万里对图书事业的贡献良多。出任台湾"中央图书馆"馆长后，他决定以有限的经费，做重点的发展，以既有的14万多册善本图书为基础，重点增购补充1942年以前出版的文史资料、清代刊印的图书及日本欧美学者有关汉学的著作。屈万里此举，让台湾"中央图书馆"成为台北地区研究汉学的重镇，大大提高了研究文史工作的水准。主持编辑《台湾公藏中文人文科学联合目录》是屈万里任职期间另一项重大贡献。为了让海内外学人能够充分利用图书馆藏书、减少查阅资料的困难，屈万里联络台湾"中央图书馆"、台湾"中央研究院历史语言研究所"、台北故宫博物院、台湾大学、东海大学及台北图书馆等单位参与从事联合目录的编辑工作，先后完成了《中文善本书联合目录》《中文人文社会科学官书联合目录》《中文人文社会科学期刊联合目录》等汉学文献联合目录的编辑。这些目录为中外学人查寻资料提供了便利，也为各图书馆的官际合作奠定了良好基础。

屈万里的子女均在大陆，孤身一人漂流在外的他，无时不在怀恋家乡。1965年9月，他应邀到美国普林斯顿大学讲学时，看到普大校园优美的风景，思乡之情油然而生，遂赋诗一首："寒花红树点秋光，一样秾华似故乡。最爱侵晨林下路，履痕个个印轻霜。"在南洋大学讲学时，他写了一首《乡思》："鸟声似柝响幽林，撩我乡思夜夜心。迟落长庚如有意，清光伴我到宵深。"思乡之情可见一斑。

1979年2月，罹患癌症的屈万里因医治无效，在中国台湾辞世。蒋经国亲笔题写了"绩学贻芬"的挽联，台湾"中央研究院"院士陈磐为其撰写了墓碑铭，孔子77代孙孔德成为墓碑书丹。为纪念屈万里的卓越成就，台湾联经出版事业公司出版发行了《屈万里全集》。

古籍出版名家金灿然

金灿然（1913—1972年），原名金心生，鱼台县谷亭镇金庄人。青少年时期，金灿然求学于金乡、济南等地，在省立七中时，他受到党的影响，投身于学生运动，被学校当局开除。

1935年秋，金灿然到北京《华北日报》社做校对工作，后于1936年考入北京大学历史系。随着抗日战争全面爆发，饱受苦难的中国容不下一张安静的书桌，金灿然选择暂停学业，于1937年底奔赴山西临汾，进入民族革命大学学习。后于1938年赴延安，进入瓦窑堡中国人民抗日军政大学学习。同年9月，金灿然加入中国共产党。1939年至1944年，金灿然于延安马列学院学习后，任该院历史研究室研究员。任职期间，他凭借在北京大学学习时积累的广博的历史知识，成为著名马克思主义史学家范文澜的得力助手，并参与编写了《中国通史简编》，得到了范老的肯定。

1944年夏到1945年冬，金灿然在延安中共中央党校任干事、副科长等职。1946年至1948年秋，他被派任晋绥解放区绥南地委宣传部部长、区党委宣传科科长，参加领导土改运动，后于新中国成立前，调入中共中央宣传部。

新中国成立后，1949年至1958年间，金灿然曾任国家出版总署编审局办公室主任、图书期刊司副司长、出版局副局长、文化部出版局局长等职，鼎力支持着国家的图书出版事业。1958年，金灿然主持中华书局的工作，担任古籍整理出版规划小组成员兼办公室主任。任职期间，他着力提高编辑人员素质，对古籍整理作出明确规定，发展壮大古籍出版队伍，并与诸多古籍专家身体力行，共同整理出版了《册府元龟》《永乐大典》《文苑英华》《全唐诗》《明经世文稿》《清史稿》及"二十四史"等大批古籍图书。为完成书籍的整理、校勘、影印工作，他与诸多专家学者共同研究、比较不同版本，往往要经过长时间的讨论才能最终解决底本的取舍问题。不仅如此，每逢新书出版，他都会严格把关装帧设计，抽查图书质量，了解读者的意见，不断提高出版物的质量。

金灿然重视向青少年普及历史知识，进行爱国主义和历史唯物主义教育。长期的案牍工作使得金灿然积劳成疾，然而，即使是在住院期间，金老也在坚持过问重要书籍的编订出版情况。1972年，金灿然病逝于北京。

小米黑豆喂大的艺术家董小吾

董小吾（1920—2014年），鱼台县谷亭街道和平村人，原中国人民解放军总政歌舞团第一任团长，曾亲自参与歌剧《刘胡兰》的编导工作。

1937年，在山东省立滋阳（今济宁兖州）师范学校读书的董小吾，

参加山东学生组织的宣传抗日流亡演剧宣传队，奔赴南京，慰问正在浴血奋战的将士。12月13日，南京沦陷，董小吾在当地老师的营救下躲进美国人为院长的红十字会医院，并在院长的帮助下成功出逃。1938年初，董小吾进入湖北国立六中学习。不久，学校成立三个移动剧团，奔赴全国各地宣传抗日，他作为抗日积极分子和文艺骨干加入其中一个剧团。他们一路上演着《放下你的鞭子》《林中口哨》等抗日剧目，奔赴西安。1938年8月，董小吾到达延安，走上了革命道路。

1939年6月，董小吾加入中国共产党。1940年8月"百团大战"后，董小吾一连写下《百团大战组歌》8首，其中的《阳方口小调》深受部队和晋西北群众的欢迎。1942年初，董小吾被借调到战斗剧社，接连创作秧歌剧，多次兼任编剧、导演、作曲，于1944年获得晋绥边区第七个"七七"抗战纪念日文艺特别奖。在此期间，董小吾曾因"抢救运动"被隔离审查，进行劳动与学习改造，但他没有放弃爱好，仍然坚持创作与表演，以此宣传和动员革命。

延安那段激动人心的日子和前线血泪交融、惊心动魄的战斗，给予了董小吾难得的锤炼和取之不尽的创作源泉，使他取得了很多艺术成果，后来轰动全国的歌剧《刘胡兰》就是董小吾的代表作品之一。

1948年初，董小吾在战斗剧社任副团长。他在报纸上看到刘胡兰的事迹，很受感动，于是迅速组成《刘胡兰》剧组，到烈士故乡采访、体验生活。创作组的人点着麻油灯，连续工作了9个昼夜终于创作出了歌剧《刘胡兰》。彭德怀观看了演出，当场指示："这个戏要在全军演出。"1949年7月2日，全国文艺工作者代表大会召开，《刘胡兰》剧组进京作汇报演出，毛泽东、周恩来等中央领导观看了演出。作为该剧导演的董小吾，词曲写得极具功力，"数九寒天下大雪"等几段词经久不衰。1949年，董小吾和60余名文艺界的代表，在天安门东观礼台参加了开国大典，目睹毛泽东主席升起的第一面五星红旗。10月4日，董小吾受到了毛主席等党和国家领导人的亲切接见。为此，董小吾采用《阳方口小调》的曲子，创作出歌曲《伟大领袖毛泽东》，唱遍全国。

1952年，董小吾任中国人民解放军总政文工团第一副团长兼总政歌舞团首任团长。他多次带领中国青年艺术代表团和中国人民解放军歌舞团出访民主德国、苏联、朝鲜等社会主义国家，促进了中国和这些国家的文化交流。他的干练和才华，得到贺龙元帅的器重与厚爱，成为可以随意到访贺龙元帅家的客人。董小吾赴朝鲜慰问志愿军将士时，在金日成举行的欢迎宴会上，贺龙元帅高兴地把他介绍给金日成："这就是我们用小米和黑豆喂大的艺术家。"

20世纪60年代，董小吾被下放到宁夏农村进行"劳动改造"。1977年，他调任宁夏回族自治区文化厅顾问兼艺术委员会主任，1979

年应宁夏话剧团之邀，执导《西安事变》《救救她》等剧目。其中，《西安事变》的公演大获成功，《救救她》突破百场演出。1983年，在他主持下创作排练的大型回族歌舞剧《曼苏儿》，成为宁夏历史上第一台进京获奖剧目，并被定为在京招待外宾的保留剧目。宁夏的戏剧创作和演出在全国调演中获各类大奖120多次，处处凝聚着董小吾的心血和汗水。

1990年，董小吾被评为宁夏回族自治区老干部先进个人，2005年9月1日，董小吾以老战士代表的身份，到北京参加纪念中国人民抗日战争胜利60周年座谈会。2014年11月，董小吾病故。

鲁迅研究名家袁良骏

袁良骏（1936—2016年），字万里，笔名胡陵生，1936年生于鱼台县清河镇袁家村，1956年于菏泽一中毕业，考入北京大学中文系，1961年毕业后留校任教。袁良骏1982年加入中国作家协会，1983年调入中国社会科学院文学研究所，先后任鲁迅研究室主任、中国鲁迅研究会副会长兼法人代表、文学所学术委员会委员等。他于1990年晋升研究员，并被聘为研究生院兼职教授、博士生导师，1997年被聘为国务院学位委员会通信专家组成员，2015年被评为中国社科院荣誉部委员，获得国务院特殊津贴专家称号。

袁良骏是中国现代文学、港台文学研究领域的著名学者。他的学术专著共十余部，约600万字，主要著作有《鲁迅思想的发展道路》《鲁迅研究史》《现代散文的劲旅——鲁迅杂文研究》《香港小说史》《丁玲研究五十年》《白先勇论》《武侠小说指掌图》《袁良骏学术论争集》《张爱玲论》《周作人论》。另有杂文随笔集多部，全部论著逾千万字，主要论著有《独行斋独语》《冷板凳集》《八方风雨——袁良骏学术随笔自选集》《准"五讲三嘘集"》《坐井观天录——新世纪杂文随笔集》。学术资料集主要包括《丁玲研究资料》《丁玲集外文选》《川岛选集》《亲爱的丈夫》及与人合著的《中国现代独幕剧选》等。

袁良骏主编的《鲁迅研究书系》曾获得1997年"第三届国家图书奖提名奖"，所著的《香港小说史》曾获得"中国社会科学院文学研究所优秀成果奖"。2003年，袁良骏的著作《现代散文的劲旅——鲁迅杂文研究》被具文奎氏译成韩文，由韩国学古房出版社出版，是中国罕见的外译学术著作。

"知青诗魂"食指

食指，本名郭路生，1948年生，鱼台县王庙镇程庄寨村人。他是朦胧诗的代表人物，被当代诗坛誉为"朦胧诗鼻祖"。他的诗歌以精美的艺术形式，准确反映出一代青年在时代洪流下产生的诸多情绪，具有浓厚的英雄主义文学色彩。他的代表诗作颇多，如《相信未来》《这是四点零八分的北京》《热爱生命》等，著有诗集《食指·黑大春现代抒情诗合集》《食指的诗》等。他的诗集《食指近作十二首》于1999年获北京市新中国成立50周年诗歌类作品最高奖，《食指的诗》于2001年获得第三届人民文学奖，诗歌《青春逝去不复返》《相聚》入选2000年度中国最佳诗歌。

老年郭路生（右）

1948 年 11 月 21 日，一个婴儿在行军途中呱呱坠地，因此得名"路生"，中国文坛上的一颗新星冉冉升起。

郭路生 7 岁入学，三年级时写了人生的第一首诗歌："鸟儿飞过树梢，三八节就要来到。在老师阿姨的节日里，问一声老师阿姨好。"

初中阶段，郭路生接触并阅读了贺敬之、郭小川、冰心等人的诗，开始对诗歌着迷。这是他走向诗歌道路的起点。初二下学期的清明节，在家庭氛围的熏陶下，他为郭耕夫、郭宗斌烈士写诗以表纪念：无数的花圈和挽联，萦绕在烈士墓边，花圈上那迎风抖动的鲜花，像是一簇簇跳跃的火焰。

初三时，他因成绩优秀被评为北京市优良生，但随后的中考失利让他遭受了挫折。在北京函授学校西城分校补习期间，他阅读了中外经典文学作品，不同流派、不同形式的文学作品共同塑造了日后的食指。1965年，郭路生开始了《海洋三部曲》的创作。他将自己青春阶段的热情、憧憬、迷茫与痛苦等诸多情感倾注在充斥着笔墨芬芳的字里行间。他逐渐形成了自己对诗歌独特的审美趣味和表达方式，又似乎预感到了某种浪潮的来临，那尚显稚嫩的文字却充分表现出他的懵然无措。

1968年，郭路生从北京到山西汾阳杏花村公社插队，又因故辗转回到原籍山东鱼台王庙公社（现王庙镇）程庄寨村。1971年，郭路生在济宁应征入伍。在此期间，郭路生曾拜访何其芳，不仅从这位诗坛前辈身上学到了诗歌创作的相关知识，而且郭路生所拥有的新生代的蓬勃朝气也与上一辈人垂垂老矣的沉沉暮气形成了激荡，在时代的浪潮下越发澎湃。《海洋三部曲》正是在这样的背景下创作完成的，《鱼儿三部曲》也随之诞生。1968年，郭路生写出了《相信未来》：

当蜘蛛网无情地查封了我的炉台，

当灰烬的余烟叹息着贫困的悲哀，

我依然固执地铺平失望的灰烬，

用美丽的雪花写下：相信未来。

当我的紫葡萄化为深秋的露水，

当我的鲜花依偎在别人的情怀，

我依然固执地用凝霜的枯藤，

在凄凉的大地上写下：相信未来。

我要用手指那涌向天边的排浪，

我要用手掌那托起太阳的大海，

摇曳着曙光那支温暖漂亮的笔杆，

用孩子的笔体写下：相信未来。

……

　　该诗用生活中再平常不过的场景营造出优美的意境，用平实的文字、朗朗上口的语言传递出深刻的思想：即使身处逆境，也不能辜负自然对生命为数不多的恩赐，也要坚持用赤子之心来招待途中的每一片风景，矢志不渝地恪守自己对明天的承诺。该诗曾以手抄本的形式在社会上广为流传，并迅速传颂于一代青年人的口中，郭路生因此被冠之以"知青诗魂"的称号。

　　1968年12月18日，郭路生乘下午四点零八分的知青专列赴山西汾阳杏花村插队。在车上秦晓鹰对郭路生说："给你找个空点的车厢写诗去吧。"是夜，伴随着清晰可闻、节奏分明的呼吸声，藏在暖气管道里的荡漾水波见证了《这是四点零八分的北京》第一稿的诞生。19日抵达杏花村后，郭路生于20日完成定稿。

　　1971年郭路生参军入伍。他带着此前阅读毛泽东的《矛盾论》《实践论》时产生的疑问，挤时间读完了恩格斯的《自然辩证法》，并结合自己在部队的生活，创作出了《新兵》《架线兵之歌》《澜沧江，湄公河》等反映部队生活的诗歌。

　　或许是文学与现实的交错让郭路生无法自拔，1973年11月25日，刚过完二十五周岁生日的郭路生，被送往北医三院精神科。与世隔绝的医院生活并没有打垮他，反而让这位热爱生命的诗人学会了以更豁达的姿态面对人生。出院后，郭路生于1974年至1975年之间写出了《灵魂之二》和《红旗渠组歌》。

1978年，郭路生开始使用"食指"这一笔名。"食"与母亲的姓"石"同音，"食指"即"石之子"；"食"又和老师的"师"谐音，食指以此为笔名，也是出于尊师重道、愿意虚心受教之意。1979年，食指写出了《相信未来》的姊妹篇《热爱生命》。

1985年1月，食指因病入住安定医院。一直到1989年春节期间，他写出了《真想再见你一面》《黎明的海洋》《我不知道》《秋意》《受伤的心灵》等诗篇。其中，《我不知道》和《秋意》这两首诗是在冬天写的，睡觉时病房里一片漆黑，他借着过道的照明灯光，艰难地伏下身子，趴在走廊冰凉的水泥地上，感受着道路的顿挫，写下"随意踱步能使人浮想联翩，冬夜里内心中跳跃着诗意的火苗，喧嚣不安的白天得不到的东西，我要在冰冷的月波下细细寻找……直到灵感化为动人的诗句，才感到已是寒气逼人的拂晓"。腿上的伤痛仿佛就这样消散在了笔尖。

1993年，食指加入北京市作家协会。5月，《食指·黑大春现代抒情诗合集》出版。1997年，食指加入中国作家协会，《华人文化世界》以《一代诗魂郭路生》为题发表了林莽、何京颉、李恒久等五人的文章。1999年，《食指近作十二首》获北京市新中国成立50周年诗歌类作品最高奖。

2000年，食指再次住院，在病区走廊的尽头，是病人活动室。除了在病房睡觉，在饭厅吃饭以外，其余时间全病区四五十病人必须在活动室坐着或站着。活动室有一台电视，病人可以看电视，可以聊天，不能走动，有一位护工坐在门口看着，病人去厕所需向护工打招呼。枯燥重复的生活中，食指联想到自己十多年身处绝境的无助心态，便决定用写诗来寄托自己的情感。他每想起一个词或一句诗，哪怕是改动的一个字，就找护士借笔写在手背上，后来怕洗碗洗掉，就写在胳膊上。每逢中午、晚上睡觉时，食指就会赶紧记下自己的灵感。正是在这样的环境下，食指写出了《青春逝去不复返》。

2002年3月21日，翟寒乐女士把食指接出福利院。54岁的食指满含泪水，告别了居住20余年的福利院，这一天恰巧是世界诗歌日。出院后不久，食指办了退休手续。2006年2月9日，食指和翟寒乐办理了结婚手续，开始了新的诗意生活。

食指说："诗歌在我的心中是神圣的，我写诗时心是虔诚的。在诗歌创作的道路上，我尝试过多种诗体，一直没有停止探索，到了晚年，尤其注重中国人的审美情趣——韵味。我活着，就不改初衷，不停止思索，不停止追求，不到万不得已，不停下笔来。"

2016年8月，江苏凤凰文艺出版社出版了《相信未来：食指诗选》，计有311页。《相信未来》是诗人食指从自己四十余年创作的作品中精选精编而成的诗集，也是迄今最完备的一本食指诗选。

当代著名文学评论家，北京师范大学文学院教授、博士生导师、副院长张清华，曾在《当代作家评论》杂志上发表评论，指出，如果要追寻当代诗歌先锋写作的谱系和最近距离的一个"小传统"，他是最无可置疑的源头性人物，一位真正的举火者和先驱，那一代人的精神肖像。他的诗歌时代开创于20世纪60年代的历史黑夜并光大延续于20世纪八九十年代的独具性灵的个人化抒情写作，对于当代中国诗歌而言，具有无可替代的披荆斩棘、筚路蓝缕的引领意义。同时更重要的是，他是一位用自己的生命实践见证了写作的诗人，一个作品与生命互证的诗人，一个具有精神现象学与文化标本意义的诗人，一个属于雅斯贝斯所说的"一次性写作"的诗人，因而也是一个使人感动的诗人。他的诗歌也许与智性和复杂的思想无缘，但它属于生命和情感，属于知行合一人文互现的生命实践。他还成功地延续了当代诗歌的"歌性"传统与形式感，使"陈旧"的形式获得了新的活力。他长达四十余年的写作穿越了时代的剧变，并且成为"旧时代的最后一个诗人，新时代的最初一位诗人"。

"鲁迅文学奖"得主李贯通

李贯通，1949年生，鱼台县王庙镇三教堂村人，他出生于医学世家，这份中医的熏染也成为李贯通文学创作的底色。诺贝尔文学奖得主莫言评价他的创作："李贯通幼习中医，熟谙阴阳，小说写得虚实相济，境界高远，有深厚的文化底蕴，值得我学习。"

李贯通1964年考取高中，1968年毕业后成了回乡知青。他从不推拒生产队里的脏活累活，用手撒鲜粪，隆冬挖河道，他任劳任怨。他看过稻田，三伏天背着50余斤重的氨水桶施肥，脊背上留下了氨水腐蚀的巴掌大的斑痕；他当过民办教师，严厉要求学生不要受外面混乱的干扰；他在粮食加工厂干过临时工，扛着200多斤重的大米麻袋登上高楼。在供电局干临时工时，他上班第一天就用三角板爬上18米

"鲁迅文学奖" 得主李贯通

高的锥形电线杆。"文革"期间生活拮据，他和邻居们遛乡买稻草，织包搓绳卖钱。他也曾驮上100斤大米，连夜骑车到徐州郊区，换回120斤黄豆，再用地排车拉到丰县，换回500多斤地瓜干……这些经历成为李贯通日后创作灵感的重要来源。

生活的艰辛打磨出了李贯通坚毅的性格，困境的磋磨坚定了他对理想的追求。1977年恢复高考，他考入山东师范学院聊城分院中文系（现聊城大学），成为"文革"后第一届大学中文系本科生。家学渊源和自身的刻苦努力让李贯通成为同学眼中的"学霸"，他甚至跨系向同学们传授学习经验。除专业课成绩优异外，李贯通在热爱的驱动下将写作变成了自己的优势，获得了"山东省在校大学生优秀作品奖"，学校给他的毕业鉴定评语是"适合从事大学中文教育，或文学评论与创作"。他婉拒了系主任、书记、几位著名教授和院长的留校任教邀请，也放弃了校方推荐的省直单位，坚持回到鱼台。

　　四年学成归来，李贯通对这片哺育自己的土地仍有着难以言说的情感。当他用不同的眼光再次深情凝望故土时，他的文学创作终于发生了质的飞跃。他奋笔疾书，几乎废寝忘食，夜以继日地创作着，即使多次退稿也没有消磨他的动力。终于，在短短两三年内，他的小说发表在全国诸多名刊的重要位置。山东省作家协会打破旧有程序，迅速批准他为省作协会员。

　　1986年4月，他的短篇小说《洞天》震动中国文坛，许多刊物争相转载。当年6月，中国作协的《小说选刊》杂志社与《山东文学》杂志社在鱼台召开"李贯通小说讨论会"。这是《小说选刊》第一次为作家举办讨论会，并把会址定在鱼台。来自全国各地的50多名学者、作家、编辑，对其小说给予高度评价。同年，李贯通成为中国作家协会会员。1988年，《洞天》获全国优秀短篇小说奖。此后，他扎扎实实，一步一个台阶，成为当代文坛领军人物之一，也是中国文坛的重要作家之一。

　　1993年，李贯通发表短篇小说《乐园》，被《新华文摘》等中央级刊物转载，许多评论家称它为新时期以来最优秀的短篇小说之一。1997年，中国社会科学院著名学者陈骏涛主编的"跨世纪文丛"，隆重推出李贯通的中短篇小说集《天下文章》，这套丛书在国内具有权威性，多次再版，收选了全国50位当红作家。而李贯通发表于1996年的中篇小说《天缺一角》，又一次在文坛引起轰动。

　　1998年，《天缺一角》获得中国作家协会设置的最高文学奖——"鲁迅文学奖"。此外，《天缺一角》还相继获得山东文学奖、西湖文学奖、萌芽文学奖、山东蒲松龄金像奖、北京文学奖、中国作家小说奖、泰山文艺奖、齐鲁文学奖、小说选刊优秀作品奖、时代文学奖、作家报十佳小说奖、山东省精品工程奖等30多个奖项。李贯通的作品具有较大影响力，其中，《洞天》《天下文章》《天缺一角》《鱼渡》《李贯通小说精选》《无边波澜》《水性》《迷蒙之季》等14部著作在大陆和台湾出版发行，并有多部作品被译成英文、法文、意大利文、阿拉伯文、俄文等在国外刊发。《人民日报》《光明日报》《文汇报》《中华读书报》《文艺报》《文学报》《文学评论》《当代作家评论》等报刊也发表了大量关于李贯通的评论文章。

李贯通创作态度极其严谨。在经历了几年短暂的作品高产后，他清醒地认识到，复制式地写作就像在一个台阶上踱步，看似忙碌，实无价值，必须要写出精品，力争不断超越自己。他孜孜不倦地追求着美的意境，追求着一种来自生活的符合逻辑的真实。李贯通古典文学功底深厚，对"诗性"理解透彻。在他的小说世界里，虽然没有奇峰突兀的山岳，但却有着犹如来自地心深处的清泉，深沉而温润，既蕴含着中国传统文化的精髓，又充分闪耀着时代的光华和当代先锋文学的美学向度。他的小说语言干净、典雅、凝练、自然，散发着浓厚的书卷幽香和优美意蕴。他的散文随笔，堪称真正的美文，如《收藏南社的倒影》《等你在西湖》等篇章，语言精练、婉约、柔美，意境深沉而温厚，富含禅意的人世至理，给人的一种心灵的震撼和净化，展示出一种圆融无碍的艺术大境。

李贯通在鱼台工作时，乐于帮助文学爱好者，只要是热爱文艺的人，都是他的座上宾。他的家里，总是可以听到谈文学、论人生的欢声笑语，杯盘之间，这片土地所孕育的淳朴豪迈总能被他们挥洒得淋漓尽致。李贯通还多次组织作者们去乡村、去南阳湖采风，去北京及河北等地参观学习。在他的精心辅导下，不少作者在省级刊物发表小说、散文、诗歌及美术作品。可以说，那些年是鱼台前所未有的文艺的活跃、繁荣期。调到省城后，李贯通担任省作家协会副主席、创作室主任，创作室荟萃了近30位全省优秀的作家。李贯通主持工作16年，始终坚持三个原则：尊重创作规律，给大家以最大的自由度；促进团结，营造一个团结和谐的环境；强化服务意识，为大家多做好事。李贯通参加的全国性的笔会不计其数，所到之处，必有演讲。他曾应邀出访意大利、泰国、叙利亚、黎巴嫩、约旦、俄罗斯、韩国等国家，和国外作家探讨文学。2008年出访俄罗斯期间，他和著名作家王蒙、铁凝、阿来、莫言、余华、李敬泽等人，访问了彼得堡大学、莫斯科大学，并在莫斯科国际书展节上做了关于青春文学、创作与理论关系的专题发言，与外国专家对话交流。

退休后，李贯通依旧受邀参加全国各地的文学活动。2016年底，文化部下属的中国大众文化学会换届，李贯通再次被选举为副会长。一路走来，李贯通对这些身外之物不甚重视，他常说"此身随万物，青山亦浮云"，唯愿晚年以更纯净、更包容的心态酬对世事人情，以更加精美的文字回报大自然的浩荡恩惠。

革命先驱

为革命奉献青春之我的张如

张如（1915—1939年），又名张鹤如（在私塾时曾用名）、张贺如（在东北军学兵队时曾用名），鱼台县鱼城镇张庄人。

张如幼时父母双亡，被寄养在叔父家中，行三。在叔父的照顾下，张如在村中读私塾，后考取江苏省徐州中学，并于1935年进入北平师范大学附属中学读高中。在校期间，他与同学张文松（新中国成立后任教育部副部长）关系很好，两人一起学习《列宁主义初步》，参加北平学生抗日救亡的游行示威和集会，是"一二·九"运动的积极分子，两人还一起加入了中华民族解放先锋队。1936年，张如加入中国共产党。

1936年春，已经加入中国共产党的张如受组织派遣，到张学良在西安举办的"东北军学兵队"做兵运工作，后参加西安事变。1937年5月，东北军学兵队解散，他服从党组织安排，前往江苏丰县工作，于同年11月参与重建中共丰县委员会工作并担任县委委员。1938年3月，张如任丰县组织部部长。

1938年5月17日，日军侵占丰县城，中共丰县县委派张如到丰县北集结丰县二区、三区、四区的抗日武装，并与县委原有的队伍汇合，联合抗日。在徐西北区委和鲁西南特委的领导下，1938年6月13日，丰县、沛县、铜北、鱼台、金乡、单县等地抗日武装，在丰县城南渠楼宣告成立人民抗日义勇队第二总队，下辖从第五大队到第二十三大队，共千余人，由张如任参谋长（兼）。同年7月，由徐西北区委与鲁西南特委合并而成的中共苏鲁豫特委成立，张如任军事委员，11月中共苏鲁豫特委改组后，张如继续担任军事部部长。在他的努力下，湖西地方武装发展迅速，很快由刚成立时的1000多人，发展到5000多人，向主力部队苏鲁豫支队输送了大批兵员。12月，人民抗日义勇队第二总队改编为八路军山东纵队第十三支队。这支队伍在苏鲁豫皖边区开辟了广大的游击区，建立了大小不同的若干基地或小块抗日根据地，为全面开创湖西抗日根据地奠定了基础。

1939年9月，湖西"肃托事件"发生，张如被诬陷为"托派"，遭逮捕刑讯，被杀害于谷亭，时年24岁。1940年6月，中共中央在山东分局《总结第五区党委肃托斗争的训令》中指出，张如是"坚持奋斗的忠实干部"。1941年秋，中共湖西地委根据中共中央《关于湖西边区锄奸错误的决定》，在单县辛羊庙举行追悼大会，张如被追认为烈士。

鱼台最早的共产党人之一马霄鹏

马霄鹏（1903—1939年），名著骧，字霄鹏，鱼台县唐马镇陈丙村人。

马霄鹏

　　1919年，马霄鹏考取山东济宁甲种工业学校。在校读书时，苏联十月革命胜利，马列主义传到中国。从此，他开始接受马列主义的熏陶。1923年，马霄鹏考入南京国立东南大学，攻读心理学之余，他把大量精力用于阅读马克思和列宁的著作以及其他传播新思想的革命书籍。1927年4月，"四一二"政变后，白色恐怖无法动摇马霄鹏的信仰，他义无反顾地加入中国共产党，组织带领广大爱国学生采取讲演、发传单、贴标语、罢课、游行示威等形式揭露蒋介石的罪行，也因此遭到通缉。在党组织的帮助下，马霄鹏转移到上海，以小书商的身份和德国人在法租界从事地下工作。在无数个伸手不见五指的黑夜里，一灯如豆，马霄鹏就是在这一抹光焰的陪伴下刻印传单，抄录机密文件，制作宣传品。他还组织发动过上海交通大学、沪江大学罢课和闸北区工人罢工。

　　1931年至1937年上半年，马霄鹏以教师职业为掩护，先后在济南一师、平原乡师、惠民乡师等学校从事地下革命活动，他还是平原乡

255

师党组织的创始人之一。1936年夏，马霄鹏来到鱼台县南阳镇，和进步青年石云砾开展抗日救亡运动。马霄鹏将一份《为抗日救国告全体同胞书》（八一宣言）的油印文件交给赵化范，同年6月，赵化范按照其部署，动员20多人组成游击队，秘密活动在南阳湖边。

1937年夏，马霄鹏在惠民乡师、惠民四中组织中华民族解放先锋队（简称"民先队"）分队，并在惠民乡师发展党员十余名。1937年11月，日军从天津向鲁北进犯，惠民乡师和惠民四中被迫迁往兖州，马霄鹏在随校南迁的途中仍不忘向城乡群众宣传抗日救国。到达兖州后，马霄鹏组织全校师生参加罢课活动，并遵照党组织的指示，先后分三批将90多名"民先队"队员和进步学生送到山西临汾八路军——一五师随军学校学习深造。每批学生登程，马霄鹏总是亲自动员组织，直到秘密地把他们送上火车，学生的路费也是由他和进步教师捐助解决。这些青年学生，后来大都成为党的高级干部。

马霄鹏的妻子赵振民是一位小学教师，在马霄鹏的影响和指导下，赵振民走上了抗日斗争的道路。1937年12月，党组织通知马霄鹏夫妇和部分"民先队"队员到延安学习。这本是马霄鹏梦寐以求的事，但形势急剧发展，日军占领华北大部，山东岌岌可危，干部极其缺乏。因此，组织决定让马霄鹏留下，在湖西一带领导抗日斗争。1938年1月，马霄鹏担任中共金乡县工委书记；1938年4月，马霄鹏调鲁西南工委工作；5月初，鲁西南工委改称鲁西南特委，马霄鹏任特委宣传部部长；7月下旬，鲁西南特委和徐西北区委合并，建立苏鲁豫边区特委，马霄鹏任民运部部长。1938年下半年，马霄鹏与郭耕夫、董少宰、聂峨亭一起创建"鱼台县抗日动员委员会"，这对发展、壮大鱼台的抗日武装力量起到了组织保证。马霄鹏是鱼台最早的共产党员之一，他十分重视党的组织建设，程庄寨、谷亭、大聂、常李寨、陈丙等党支部都是马霄鹏亲手创建的。

1939年5月，苏鲁豫边区特委改建为苏鲁豫边区党委，马霄鹏担任宣传部部长，他一边发动丰、沛、鱼一带的抗日斗争，一边举办党校和干部训练班，为中共培训了大批干部。马霄鹏不仅有较高的马列主义理论水平，而且讲话生动活泼，清晰有力，他待人热情，平易近人，从边区党委到湖西地区军民，都非常敬佩马霄鹏。

1939年9月，湖西发生"肃托事件"，马霄鹏被诬陷为"托匪"，惨遭酷刑，被杀害于丰县于王庄的一座古庙里，时年36岁。1941年2月，中共中央作出《关于湖西边区锄奸错误的决定》。该年冬，在单县羊辛庙举行追悼会，为在湖西"肃托事件"中死难的烈士们平反昭雪，马霄鹏被追认为烈士，遗体迁入单县烈士陵园。

抗日英烈郭耕夫

郭耕夫（1910—1939年），名宗虞，字耕夫，生于鱼台县王庙镇程庄寨村，鱼台县早期共产党员、抗日根据地创立人和领导人。1939年，郭耕井在湖西"肃托事件"中遇害。

在青少年时期，郭耕夫目睹国民党统治的腐败无能和民不聊生的状况，萌发了推翻旧世界、建设新中国的思想。1931年8月，他考取了山东省第四乡村师范学校。九一八事变后，郭耕夫积极投身爱国学生运动。他走街串巷，散发传单，张贴标语，参加示威游行，高呼抗

郭耕夫

日口号。同年11月，在中共山东省委的领导下，郭耕夫与鲁南七校的2000多名师生汇集在兖州火车站，组织南下请愿团，向国民党南京政府请愿抗日，他们冒着生命危险卧轨截车，致使津浦铁路交通中断，震慑了国民党南京政府。1933年夏，郭耕夫参加中国共产党的外围组织，阅读马列著作和鲁迅、邹韬奋的作品及其他进步书刊，学习了许多进步思想，受到了革命观点的熏陶。

1935年7月，郭耕夫于山东省第四乡村师范学校毕业，先后在兖州、金乡等地任教。在金乡胡集小学任教期间，郭耕夫积极宣传抗日救国，将"国家兴亡，匹夫有责"的道理融汇于教学之中，以激发学生抗日救亡的热情。在学校里时常能听到他带领师生列队高歌："起来！不愿做奴隶的人们……"尽管薪水微薄，郭耕夫始终坚持购买进步书刊以供学生阅读，帮助他们树立革命思想。为了揭露卖国者的丑恶嘴脸，他还写了一部中篇小说《殷汝耕》（殷汝耕是冀东的大汉奸）来怒斥日本汉奸的罪行。小说在《进步》杂志上发表后，他将之改编为话剧《冀东月》，并组织师生排练演出，在人民群众中引起了强烈反响。此外，郭耕夫还经常深入农村家庭，向农民宣传革命形势，讲解抗日救国的道理。他的活动受到金乡县中共党组织的重视和支持。1936年上半年，郭耕夫加入了翟子超、秦和珍在金乡县知识界组织的"中华民族解放先锋队"，同年11月加入中国共产党。1937年1月，他回到家乡，协助董少宰在谷亭成立了民先队鱼台分队部，发展聂锦堂（聂振标）等10人入队。1937年2月，他策动教师马晓民组织师生罢课。

1937年七七事变后，日军于同年10月侵入山东境内，国民党军队不战而逃，各级地方政权土崩瓦解，官吏豪绅竞相逃命。在这国土沦丧、民族危亡的严峻时刻，郭耕夫毅然组织成立抗日游击队，点燃了武装斗争的火炬。在抗日战场上，通过血与火的考验，郭耕夫先后发展10余人加入中国共产党，壮大了地方党组织。

1937年12月，中共鲁西南工委决定派遣郭耕夫回鱼台开展工作。他和鱼台地下党员李传文、赵芳洲取得联系后，一起带领父老乡亲，团结抗日。当时，鱼台县党的基础薄弱，联合抗日的局面没有形成。国民党的残兵败将、土匪流氓扰民作乱，破坏抗日。面对重重困境，郭耕夫动员各阶级人士团结起来，共同抗日。他和马霄鹏、赵芳洲等人多次拜访清末秀才、在鱼台各界人士中声望较高的著名爱国人士聂峨亭，与其促膝长谈，阐明党的统战政策，动员他在国难当头之际参加抗日。聂峨亭深明大义，率领民团500余人，加入抗日救亡的行列。1938年，聂峨亭联合全县名流士绅，组织成立"鱼台县抗日救国司令部"，队伍达1000余人。郭耕夫还和马霄鹏组建抗日动员宣传队，提出"地不分南北，人不分老少""有人出人，有钱出钱，有枪出枪"的口号，努力扩大抗日统一战线。经过他们的动员，有不少人献枪，有的开明士绅也捐献钱物，抗日力量不断壮大，大批青年踊跃报名参军参战。

1938年初，郭耕夫遵照上级党组织的指示，努力发展基层党组织。他先后介绍马晓民、武鸣岚、殷茂芝、郭文朗、郭忠一等人加入中国共产党，建立了程庄寨、陈丙、常李寨、大聂4个党小组，为抗日救亡工作奠定了基础。1938年5月16日，日军占领鱼台县城。为武装抗击日本侵略者，郭耕夫公开举起抗日救亡的旗帜，以程庄寨为中心，成立五乡（程庄寨乡、张庄寨乡、梁海乡、周堂乡、张集乡）联防抗日救国司令部。7月，中共苏鲁豫特委决定，建立中共鱼台县领导小组，郭耕夫任组长，同时建立鱼台县第一个党支部——中共鱼台县程庄寨党支部，郭耕夫任书记。1938年8月，为加强地区之间的协同抗日，在苏鲁豫特委的领导下，建立了中共丰（县）沛（县）鱼（台）中心县委，郭耕夫任中心县委委员。1938年9月，中共鱼台县委成立，郭耕夫任书记。

1938年12月下旬，八路军苏鲁豫支队挺进湖西地区。12月29日凌晨5时，苏鲁豫支队各部队同时向盘踞在丰县崔庄、韩庄、李双庙、褚庄等地的伪"苏北'剿共'救国军第一集团军第一军第一师"王献臣部发起猛攻，一举歼灭其主力，接着拔除了一些日伪据点，击退敌、伪、顽、匪的夹击，迅速打开湖西地区的抗战局面。中共鱼台县委积极开展工作，先后建立中共鱼台县第一、三、七分区委员会，民运工作蓬勃开展，统战工作顺利进行，抗日斗争节节胜利。

1939年8月，郭耕夫调任中共金（乡）嘉（祥）巨（野）中心县委书记。正当他满腔热忱、努力为抗日工作奋斗之际，同年秋，中共党内发生了湖西"肃托事件"。1939年9月26日夜，郭耕夫被无辜杀害在鱼台县谷亭镇缪家林地里，时年29岁。

1941年秋，中共湖西地委根据中共中央《关于湖西边区锄奸错误的决定》，在单县辛羊庙召开追悼大会，郭耕夫被追认为革命烈士。

"党外布尔什维克"聂峨亭

聂峨亭（1886—1945年），名奉璋，字峨亭，鱼台县王鲁乡大聂村人。

聂峨亭出生于清末，考中秀才后就读于山东省立师范讲习所，毕业后曾任鱼台县教育会长。任职期间，为实现其"教育救国"的思想，他积极推行国民教育，创办了鱼台县王鲁区大聂家国民学校。1937年，抗日战争全面爆发后，他投身革命，加入了济宁抗日后援会，组织以农民为主体的抗日武装，同年底便将之发展为3个中队、共计400余人的规模。

1937年，鱼台县县长杨启东弃城逃走后，群龙无首之际，聂峨亭经鱼台县各界人士联合推举主理县内各项事宜，局面得以稳定。1938年1月，他在共产党员马霄鹏、郭耕夫的动员下，成立了拥有1000余兵力的鱼台县抗日救国司令部并担任司令。1938年7月，司令部改称为鱼台县抗日自卫总团，他继续担任团长，带领群众进行抗日活动，并在苏鲁豫支队第四大队的配合下打击了土匪武装，平息了杆子会暴动。1939年2月上旬，聂峨亭家中遭遇驻鱼台日伪军的洗劫，但这并没有动摇聂峨亭的抗战信念，他于4月坚定地向县委公开请缨，将鱼台县抗日自卫总团改编为八路军苏鲁豫支队后方办事处湖边游击四大队，并继续担任队长。该武装成为中共鱼台县委领导下的第一支抗日武装队伍。

1940年7月，聂峨亭率部随中共鱼台县党政机关撤到丰鱼边境进行抗日斗争。1941年3月，聂峨亭调任湖西专署建设科科长。1942年9月，他先后策动伪军中队长周长臣及其子周明智率部反正，并成立了鱼台县挺进大队。1943年8月，聂峨亭任丰鱼县抗日民主政府副县长，后于1944年7月任鱼台县抗日民主政府县长。

1945年3月，聂峨亭作为晋冀鲁豫边区参议员，前往在濮阳县召开的边区参议会，并被选为代表赴延安学习。遗憾的是，聂峨亭在行军途中突遭敌军袭击，与部队失去联络，只得只身返回，后因一路惊吓疲劳以致卧病不起，于同年9月与世长辞，享年59岁。他逝世后，中共鱼台县委、县抗日民主政府为其召开了隆重的追悼大会，《湖西日报》专版介绍了他的革命事迹。1950年1月，聂峨亭被追认为革命烈士。

赵紫生：从革命斗争到教育工作

赵紫生（1911—1998年），鱼台县张黄镇常李寨人，1932年毕业于山东省第一师范专修科，1935年肄业于南开大学。

1931年，他受老师马霄鹏指引，参加《资本论》学习小组，受到进步思想的影响，积极参加学生运动，离校后深入城市、农村，发动工农群众展开抗日救亡运动。

赵紫生

1938年1月，成立鱼台县抗日救国司令部，赵紫生任参谋处长。1938年7月，在马霄鹏的指导下成立鱼台县抗日动员委员会，赵紫生任总务部长。1938年7月，成立"鱼台县抗日人民政府"，赵紫生任参谋。1939年12月，组成中共鱼台县委和鱼台县抗日人民政府，赵紫生任县动委会主任。1940年1月，日本人为了巩固占领区，妄图利用当地有影响的大户人家做代理人，于是抓捕赵紫生母亲及其族人，逼赵家归顺日本人，他们提出的条件是赵紫生家的人担任日伪四区区长。鱼台县委书记张子敬、县长李贞乾和赵芳洲、赵紫生等人开会研究对策，由于当时赵紫生尚未暴露党员身份，遂决定顺水推舟，派赵紫生打入伪"自卫团"内部进行策反。"自卫团"团长李怀阳文化程度低，急需赵紫生这样的高学识人才在他身边出谋划策。因此，赵紫生通过刘新如（李怀阳的三姨太），以"表亲"的身份被引荐给李怀阳担任师爷（参谋长）。赵紫生打入伪"自卫团"后，利用有利身份，广泛接触伪"自卫团"各级军官，通过喝酒吃饭、打麻将、交朋友等方式不断拉近关系，逐渐与其打成一片。经过两年多艰苦曲折的卧底工作，赵紫生共策反伪军1500多人，这一队伍后改编为八路军惠河支队，由赵紫生任副支队长兼参谋长。抗战期间，赵紫生历任鱼台城防副司令、冀鲁豫第十五团副团长、一纵队独立团代团长等职。惠河支队建立后，同敌人进行了无数次的殊死战斗，逐步解放了金、嘉、鱼、济等敌占县，巩固发展了人民政权，也给主力部队带来补充、休整、训练的机会。经过战火的锤炼，惠河支队成为八路军主力部队。

1945年11月初，赵紫生奉命率独立团开赴东北战场，途中负伤，回来后任济宁市副市长兼文教局局长，冀鲁豫专署文教科科长及多所老区干部学校和中学校长、书记，迅速恢复了解放区的文化教育及卫生体育事业，为党培养出大批急需人才。

新中国成立后，赵紫生历任菏泽专属文办主任，山东师范专科学校书记、教务主任，曲阜师范学院教务长、副院长、校党委副书记、院长兼书记，山东省政协委员，山东大学革委会副主任等职务。他从事教育工作50余年，发表学术论文60余篇，对高等教育的研究卓有建树。其中，《大搞运筹学的群众运动，促进生产发展，带动教学科研》一文于1960年10月被中央广播电台播报，此外，《光明日报》、《文汇报》、英国《泰晤士报》也相继转载此文，在国内外学术界产生了广泛影响。

赵紫生一贯坚持教育与生产劳动和科学研究相结合的方针，坚持领导干部深入第一线。他亲自组织研究的"公社数学""土蒸馏釜"两项成果，在1960年山东省首届科技展览会上受到了毛泽东主席的赞扬。由他负责的离子交换制备碳酸钾项目，1978年获得国家科技奖，填补了国内空白。他领导培育创建的"运筹学研究所""激光研究所"也成为国内著名的教学科研基地，其研究成果达到国际领先水平。其中，运筹学的应用，被中国数学学会认定为中华人民共和国成立以来的五大应用成果之一，被国际上认定为首创。此外，由赵紫生主持并参加编纂的《汉语大词典》，是周恩来总理生前安排的国家重点科研项目，他也因此荣获由国家新闻出版署颁发的"有重大贡献荣誉证书"。

赵紫生长期致力于文教事业，不仅关心学生学业，也重视学生的身心健康。1974年，曲阜师范学院（今曲阜师范大学）独立后，为了确保学校伙食质量，赵紫生每星期都到食堂查看学生伙食，品尝不同价位的菜品口味，确保物有所值、不缺斤少两。在他的关怀下，食堂饭菜质量明显提高，不仅受到师生的称赞，也得到省教育厅的表扬。毕业多年、在全国各地工作的学子们，至今仍忘不了物美价廉的"曲师饭"。

1984年离休后，赵紫生主编出版的《冀鲁豫老区教育史》，填补了中国现代地方教育史上的空白。其业绩已被载入《东方之子》《中国大学校长名典》《党史人物》等书。

献身革命与教育事业的聂补吾

聂补吾（1908—1989年），原名继昌，鱼台县王鲁镇大聂村人。

1932年，聂补吾求学于北平大学数学系。1937年，抗日战争全面爆发后，父亲被日本侵略军残忍杀害，背负着国仇家恨的聂补吾毅然回乡，带领三个弟弟和一个妹妹投身于抗日救亡运动。残酷的斗争中，四弟和妹妹的壮烈牺牲更加坚定了聂补吾的抗日决心。1938年起，他先后担任鱼台县抗日动员委员会宣传部部长、冀鲁豫边区抗日联合会政治部秘书、鱼台县抗日民主政府湖田局局长。1941年，他创建并任教于冀鲁豫边区抗大式学校湖西中学，同时兼任后勤主任一职。在职期间，聂补吾为抗日战争和解放战争培养了大批人才。1945年，他正式加入中国共产党。

1948年至1950年，聂补吾先后担任冀鲁豫行署中教科副科长和平原省文教厅视导主任。1951年，他参与创建平原大学，先后任该校党支部书记、人事室主任、秘书室主任、院长办公室主任、马列主义教研室主任和数理系主任。

1955年，聂补吾任新乡师范学院（原平原大学，后改为河南师范大学）党组书记，1956年起，他先后担任学校副院长、院长、党委书记、校长等职，始终坚守岗位，保持对党忠诚。他从事教育工作近50年，积累了丰富的办学经验，在河南师范大学工作期间，更是倾注了大量心血，他把原来仅有4个理科系的院校，建设成拥有12个系、23个专业、多层次的大学。在工作之余，聂补吾始终坚持学术研究，他投身于"狭义相对论"的研究，先后撰写论文10余篇，多次参加中科院、复旦大学、上海物理研究所等单位组织的学术活动。1983年，聂补吾离休，尽管身患多种疾病，双目几近失明，但他依旧坚持工作。

1989年12月30日，聂补吾病逝，享年81岁。

后　记

　　本书是王学典先生主编《山东县域文化丛书》之一种。王学典先生策划编写这套丛书，并非要在数量浩繁的地方文化史作品中再增加一部，做一项N+1的工作而已，而是志存高远，立意宏大，试图将地方文化史研究提升到一个新境界。正如王先生所申明的，"跳出地域的限制，以宏大的视野，深邃的眼光"，将出自各地的历史名人或文化巨匠"放到中国历史文化发展的一些重大关节或整体背景中重新加以解读"，使此地"在中国历史文化全局上的地位得到重新定位，一些最具标志性和符号意义的历史文化现象也得到重新阐发"，从而刷新此地的历史文化面貌，并为深化地方文化研究提供范例。此可谓地方文化史研究上的一个卓识高见，也正是本书预设的目标，至于能够实现到何种程度，有待读者的检验。

　　鱼台县委、县政府高度重视孝贤文化传承发展工作。杨力新县长对挖掘当地文化历史内涵的重要意义认识深刻，应其多次邀请，编写团队2022年底就筹备前往鱼台开展《山东县域文化丛书》之《阅读鱼台》的调研，至2023年4月此事终得以偿。朱贵友书记更是赴济南沟通协调，组织专家力量全力配合。

　　承担本书具体撰写工作的是山东大学儒学高等研究院的三位研究

人员。具体分工如下：第一部分由王元禄撰写，第二部分由段锦珂撰写，第四部分由唐文星撰写，第三部分由以上三人各自负责一节。王元禄还协助主编做了统稿工作。他们是此书名副其实的作者。书中所附图片由山东画报社编辑李潇雨负责收集编配。

首先感谢山东人民出版社王海涛副总编辑和山东画报社张玉杰主任。两位为促成这套丛书的编写出版四处奔走，多方协调，可谓尽职尽责，不遗余力。感谢他们付出的辛劳。

在本书编写过程中，鱼台县人大常委会主任刘健，县政协主席王成广，县委常委、宣传部部长田磊，县委常委、副县长张宇给予了极大的关心和推动，县党史研究中心、政德教育中心、文化和旅游局等部门也提供了很多帮助，在此一并致谢。

还要衷心感谢众多不相识的从事鱼台地方文化研究的专家学者，如果没有他们大量的相关研究成果做基础、做引导，本书是不可能完成的。在此向他们致以崇高的敬意，并期待他们的批评和指教！